Erich Schmidt-Schell

Marc sucht Freunde

Umschlaggestaltung: Mediendesign R. Schürmann, Hagen
Satz und Gestaltung: Christliche Schriftenverbreitung

Druck: Ebner & Spiegel, Ulm

ISBN 3-89287-786-6

Erich Schmidt-Schell

Marc sucht Freunde

CSV

Christliche Schriftenverbreitung
Postfach 10 01 53, 42490 Hückeswagen

Inhalt

1

Marc sucht Freunde

Jetzt hatte er den Quark! Alles war so gekommen, wie Marc Fiedler befürchtet hatte. Er hatte keine Freunde mehr zum Spielen, konnte nicht mehr in den Jugendkreis gehen, weil es hier keinen gab, und als „Neuer" wurde er in der Schule nur dumm angesehen …

Auf ihn hatten sie ja nicht gehört. Vater und Mutter mussten ja unbedingt hierher, in dieses Appenroth, ziehen!

„Jetzt gib dich endlich zufrieden. Vater ist nun einmal Konstrukteur und seine Firma braucht ihn in dem neuen Werk", sagte seine Mutter beschwichtigend.

Marc hatte sich natürlich nicht beruhigen lassen, durch eine solche Erklärung schon gar nicht. „Warum musste seine Firma gerade dort bauen?", argumentierte er. „Wenn sie sich vergrößern wollten, hätten sie ja am alten Standort ein zweites Werk aufziehen können, oder?"

„Hätten sie, aber in Appenroth waren die Bedingungen günstiger."

Marc war mit der Auskunft noch nicht zufrieden, aber er wurde etwas nachdenklicher. Er unterstellte dem Vater nicht mehr, dass er aus freiem Antrieb hierher gegangen war, sondern gestand ihm zu, dass er nicht anders gekonnt hatte, wenn er seinen Posten nicht verlieren wollte. Vater schien mit der neuen Arbeitsstelle auch ganz zufrieden zu sein. Doch Marc wurde es hier immer langweiliger, je länger sie hier wohnten. Anfangs hatte er sich die Zeit mit seiner fünfjährigen Schwester Sindy vertrieben. Aber er hatte als Zwölfjähriger doch auf die Dauer keine Lust mehr zu Kinderspielen. Besonders, seit im Garten des Nachbarhauses auf der anderen Straßenseite merkwürdige Dinge geschahen, wie in diesem Augenblick …

Marc war durch ein schrilles Pfeifen aufmerksam geworden und sah aus dem Fenster seines Zimmers. Von hier konnte er über die hohe Ligusterhecke in den gegenüberliegenden Garten schauen. Dort sausten einige Jungen um die Hausecken, rannten kreuz und quer über den Rasen und versteckten sich hinter den Büschen. Dann standen sie kurz zusammen, und verschwanden dann endlos lange in der Gartenlaube.

Schade! Marc hätte ihnen gerne noch beim Rennen und Jagen zugesehen. Stattdessen malte er sich nun aus, was sie in der Laube trieben. Er sah sie, wie sie sich ein neues Spiel ausdenken, das noch lustiger und wilder war als die bisherigen …

Marc zog es unwiderstehlich in den Nachbargarten, wo die Jungen offenbar so super zusammen spielten. Er brauchte nur über die Straße zu gehen und war schon bei ihnen! Sie waren bestimmt tolle Spielkameraden! – Doch da war die Ansicht seiner Eltern. Sie wollten nicht, dass er mit den Jungen von gegenüber zusammen war. Marc erinnerte sich noch gut an das Gespräch von letzter Woche. „Warum kann ich denn nicht drüben mitspielen?“, hatte er unzufrieden gefragt. „Ihre Spiele sehen so lustig aus.“

„Du lernst bestimmt nichts Gutes von den Jungen“, antwortete Papa bedächtig. „Sie trainieren für eine üble Sache! Die Jungen im Nachbargarten sind Mitglieder einer Bande, die mit der Bande einer anderen

Straße Zoff haben. Halt dich da raus, Marc!"

„Woher wollt ihr das denn wissen?", fragte Marc.

„Aus verlässlicher Quelle! Die Bande bereitete sich auf einen Kampf mit den anderen vor, das könnte gefährlich werden, denk daran! Die Bibel sagt uns, dass wir uns aus solchen Streitereien unbedingt heraushalten sollen."

Das mochte ja alles sein. Doch Marcs Neugierde war einfach größer und es zog ihn immer mehr zu den Jungen im Nachbargarten. Schließlich setzte er sich über die Warnung der Eltern hinweg. Leise wie eine Katze schlich er die Treppe hinunter und aus dem Haus. Dann rannte er rasch über die Straße und versteckte sich auf dem Nachbargrundstück hinter der Ligusterhecke. Er tat das so geschickt, dass die Mutter von zu Hause und die Jungen aus der Laube ihn nicht sehen konnten. Nun spitzte er die Ohren, um ja auch alles mitzubekommen, was im Gartenhäuschen gesprochen wurde.

„Also", sagte der schwerfällig wirkende Junge, den sie Beni nannten, „wenn irgendwas ist, hier in der Gartenlaube treffen wir uns immer wieder. Hab ich das richtig verstanden?"

„Hast du!", bestätigte Ludger, dessen Eltern das Haus und der Garten gehörten, und der als Chef der Gruppe fungierte. „Aber", fuhr er gewichtig fort, „merk dir endlich, dass die Laube keine Laube mehr ist, sondern unser Büro! Der Geräteschuppen ist auch kein Geräteschuppen mehr, sondern unser Gefängnis! Verstanden?"

„Ja", sagte Beni kleinlaut und nahm sich offenbar fest vor, Ludgers Hinweis nicht mehr zu vergessen. Er wusste anscheinend zu gut, dass der Chef sonst pampig wurde.

Marc streckte sich ein wenig. Er wollte Ludger ins Gesicht sehen. Wenn Beni solchen Respekt vor ihm hatte, musste Ludger schon streng mit seinen Freunden umgehen. Von seinem Versteck aus schaffte es Marc aber nicht, den Chef von vorne in den Blick zu kriegen. Ludger hatte sich an einen ungünstigen Platz in der Laube – beziehungsweise im Büro – gesetzt.

„Der Geräteschuppen, sagst du, soll unser Gefängnis sein. Meinst du, dass er sicher genug dafür ist?“, meldete sich Bastian zu Wort. Er war der Größte in der Gruppe, aber dürr wie ein Spargel.

„Na klar! Ist er! Hundertprozentig!“, verkündete Ludger im Brustton der Überzeugung. „Er kann sogar abgeschlossen werden und den Schlüssel trag ich immer bei mir.“

Bastian gab sich zufrieden. Er schien volles Vertrauen zum Chef zu haben und lehnte sich auf seinem Sitz zurück.

Marc hielt es kaum noch in seinem Versteck. Er sehnte sich nach Freunden und überlegte, ob es mit diesen Jungen doch klappen könnte. Doch die Sache mit dem Gefängnis störte ihn. Wenn Leute gefangen und eingesperrt werden sollten, war das nicht nur eine faule, sondern oberfaule Sache. Da konnte ja wer weiß was passieren! Wenn man Zoff mit Leuten hatte, musste man sich mit ihnen versöhnen, wie das der Herr Jesus vorgelebt hatte! – Mit diesen Jungen, – nein, mit denen konnte er wohl doch keine Freundschaft schließen!

Marc wurde traurig. Warum fand er hier niemand, mit dem er zusammen sein konnte? – Seine Eltern waren schon mit einigen Familien befreundet. Sie trafen sich jeden Mittwoch und Sonntag, lasen in der Bibel, legten sie aus, beteten und sangen miteinander. Die jungen Ehepaare in diesem Kreis hatten leider noch keine Kinder, und die Kinder der älteren waren schon erwachsen.

„Ach ja, es ist wirklich nicht schön hier!", seufzte Marc, richtete sich auf und wollte zurückschleichen. Er rutschte auf dem nassen Boden aus, stolperte und fiel der Länge nach hin …

2

Wird Marc geschnappt?

Sofort sprangen die Jungen im Lauben-Büro von ihren Sitzen hoch und sahen sich erschrocken an. Marc blieb vor Schreck reglos auf dem Bauch liegen. Sein Gefühl sagte ihm: „Wenn sie dich erwischen, bist du der Erste, der in das Schuppen-Gefängnis kommt!"

Vorsichtig drehte er den Kopf zur Seite, und sah durch die Ligusterhecke zur Bürotür. Als Erster kam der lange Junge herausgestürmt, den sie Bastian nannten. Ihm folgten noch vier Jungen, die er nicht mit Namen kannte. Dann erschien Ludger und zuletzt der behäbige Beni. Alle blieben kurz vor dem Büro stehen und sahen sich aufmerksam um. – Marc drückte sich fest auf den Boden und sein Herz pochte so heftig, dass er dachte, die Jungen müssten es hören. Doch die Jungen sahen ihn nicht.

„Lasst uns wieder ins Büro gehn", schlug Bastian vor. „Vielleicht ist ein Hund oder eine Katze durch die Hecke gesprungen."

„Quatsch!", widersprach Ludger, der die geübteren Ohren hatte. „Das hörte sich nicht nach Hund oder Katze an, sondern nach dem Hinschlagen eines Menschen." – Er löste sich aus der Gruppe und ging ein paar Schritte in Richtung der Hecke.

Marc war sicher, dass er jetzt entdeckt wurde. Sein Herz pochte noch heftiger. Er wollte aufspringen und davonlaufen, denn das war die einzige Möglichkeit den Jungen zu entkommen. Bis sie durch die Hecke krochen, wäre er längst über die Straße, im elterlichen

Garten und in Sicherheit. Doch irgendwie kam Marc nicht auf die Füße, er war wie gelähmt. –

Da, – jetzt hatte Ludger ihn auch entdeckt! – „Ahaa!“, kam es ihm gedehnt und triumphierend über die Lippen. Zum langen Bastian gewandt, meinte er: „Komm her und schau dir deine Katze an!“

Bastian verzog das Gesicht. Ludgers Benehmen ging ihm offensichtlich auf die Nerven.

Marc schimpfte sich einen Dummkopf. Warum rannte er bloß nicht jetzt noch weg? Es war ja noch nicht zu spät! – Doch er stand einfach nur auf und wartete, bis ihn die Jungen packten, auf die andere Seite der Hecke und mit in das Büro zerrten.

Hier war vor allem Ludger in seinem Element. Er führte sich wie ein richtiger Chef auf, nahm gewichtig hinter dem Tisch Platz und verhörte Marc. Als der lange Bastian das Wort „Spion“ ins Spiel brachte, erreichte das Verhör seinen Höhepunkt.

„Genau! Ein Spion bist du!“, Ludger sprang sofort darauf an. „Du bist einer von denen aus der Rifunstraße. Sie haben dich zum Ausspionieren geschickt, um uns dann besser überfallen zu können. Stimmts? – Sag schon, dass es so ist!“

Marc stand wie angewurzelt und schwieg. In seinem Kopf arbeitete es fieberhaft. In welche Situation hatte er sich gebracht! Er suchte nach Freunden, und wurde wie ein Verbrecher behandelt! Das durfte doch nicht wahr sein! – Wie sollte er den Jungen sein Anliegen aber verständlich machen, wo sie überzeugt waren, dass er sich in böser Absicht angeschlichen hatte, – wie? Er konnte doch sagen was er wollte, in allem fanden sie einen Punkt, ihm Böswilligkeit zu unterstellen. – Wenn er doch nur den Eltern gehorcht hätte, und zu Hause geblieben wäre!

„Versuch dich nicht rauszureden und gib endlich zu, dass die aus der Rifunstraße dich geschickt haben! Wir wissen es ja sowieso. Wenn du uns anlügst, sperren wir dich in unser Gefängnis. Dann kannst du dir überlegen, ob du uns die Wahrheit sagen willst oder nicht!", drohte Ludger energisch.

Marc war überzeugt, dass sie ihre Drohung wahr machen würden. Er hatte das ja schon vorher befürchtet. Wie lange sie ihn wohl einsperrten? Seine Eltern wussten nicht wo er war und würden sich Sorgen machen. Echt, das war eine schlimme Situation, in die er sich begeben hatte.

Marc hob den Kopf und sah die forschenden Blicke von sieben Jungen. Ihm wurde ganz komisch im Magen. Was sollte er ihnen antworten? Er konnte doch nicht zugeben, dass er von „denen in der Rifunstraße" geschickt worden war, wo es nicht stimmte! Er wusste ja noch nicht einmal genau, wo die Rifunstraße war, wie konnte er von dort jemand kennen! Er vermutete aber, dass sie die andere Bande meinten, von der neulich seine Eltern gesprochen hatten.

„Los! – Wird's bald? – Willst du reden, oder ins Gefängnis marschieren?" Ludger kramte einen Schlüssel aus der Hosentasche, und fuchtelte angeberisch damit herum.

„Ich komme nicht aus der Rifunstraße! Ich kenne dort keinen Menschen. Wenn ihr mir nicht glaubt, dann fragt doch drüben in dem Haus nach!" Marc war energischer geworden als er wollte, und zeigte zur anderen Straßenseite. „Ich bin Marc Fiedler und meine Eltern wohnen in der Rothmannstraße 15, wenn ihr es genau wissen wollt!", fügte er hinzu und flehte im Stillen: „Herr Jesus hilf, dass sie mir glauben!"

„Wir brauchen keine Nachforschungen anzustellen. Wir wissen auch so Bescheid!“, winkte der lange Bastian ungläubig ab.

Ludger schwieg. – „Deshalb!“, stieß er plötzlich hervor. „Du kamst mir schon gleich irgendwie bekannt vor. Ich wusste, dass ich dich schon mal gesehen hatte, nur nicht wo. Jetzt ist die Sache klar. Du gehörst zu den Neuen, die vor Wochen drüben in das Haus eingezogen sind …“

Marc nickte eifrig und erleichtert. Jetzt hatte er gewonnen.

„Damit ist die Geschichte erledigt. Wenden wir uns wieder unserer Aufgabe zu“, ordnete Ludger gewichtig an und fragte den Neuen: „Willst du mitmachen?“

„Um was geht es?“, erkundigte sich Marc.

Alle sieben wollten es ihm auf einmal erklären und sprachen wirr durcheinander, so dass Marc gar nichts begriff. Ludger fiel das als Erstem auf. Mit lauter Stimme fuhr er dazwischen. – „Stopp! Quatscht nicht alle durcheinander! Übrigens hat der Neue mich gefragt, also gebe auch ich Antwort!“

Sofort kehrte Ruhe ein. Ludger war eben der Chef. Aufgeblasen, wie Marc fand, setzte er sich hinter dem Tisch zurecht: „Die Bande aus der Rifunstraße ist total unmöglich. Die müssen unbedingt einen Denkzettel kriegen.“

Das war Marc zu wenig, deshalb konnte er noch nicht mitmachen, er wollte Näheres und mehr wissen.

„Sie haben Beni die Luft aus dem Fahrrad gelassen, als er für seine Mutter einkaufen war. Solche Typen sind das, verstehst du! Das kann man nicht durchgehen lassen. Dafür müssen sie doch was auf die Mütze haben! Oder?“

Marc nickte kurz. Die Sache mit dem Fahrrad war nicht okay; was Ludger vorhatte, aber auch nicht. Marc hatte von seinen Eltern und in der Jugendstunde seines vorigen Wohnortes gelernt, dass Gott wollte, dass man Böses nicht mit Bösem vergalt, sondern das Böse mit Gutem zu überwinden suchte. Komischerweise brachte Marc das aber jetzt nicht über die Lippen.

„Ganz klar, du findest die Sache mit Benis Fahrrad fies, und gehörst zu uns“, erklärte Ludger abschließend. Er wollte Marc offenbar gern in der Gruppe haben.

Marc stutzte. Das ging ihm zu schnell. Er wollte Freunde haben, – ja. Doch, waren das die richtigen Jungen dafür, konnte er mit ihnen echte Freundschaft schließen? – Vor allem, gehörte er wirklich schon zu ihnen, wie Ludger behauptete? – Würde Ludger auch so reden, wenn er nicht zu feige gewesen wäre und zu dem Plan der Jungen klar Stellung bezogen hätte?

Marc hatte seine Bedenken. Er wusste nicht genau, ob ihn die Jungen wegen seines Glaubens an den Herrn Jesus ablehnen würden. Das musste aber klar sein, bevor er sich weiter mit ihnen einließ!

„Na, was hast du? – Hat's dir die Sprache verschlagen?“, bohrte Ludger.

„Herr Jesus hilf mir, dass ich jetzt nicht wieder kneife!“, betete Marc im Stillen. Dann gab er sich einen Ruck und sagte, leiser als er wollte: „Ich bin Christ und folge dem Herrn Jesus nach, – das müsst ihr wissen. – Ich finde es deshalb auch nicht gut, dass ihr denen aus der Rifunstraße eins auf die Mütze geben wollt. Streit kann man auch anders lösen.“

Marc fiel ein Stein vom Herzen. Jetzt war es draußen! Nun sollten die Jungen mit ihm machen was sie wollten. Doch zu seinem Erstaunen geschah nichts, – eine ganze Zeit lang. Die sieben saßen stumm um den Tisch, und machten große Augen. So etwas hatten sie noch nie gehört und wussten nichts damit anzufangen. Da sagte einer offen heraus, dass er an Jesus glaubte, und wollte deshalb sogar anders handeln als sie. Das konnte doch wohl nicht wahr sein!

Der lange Bastian fing sich als Erster und posaunte laut heraus: „Der ist doch ein Weichei! Er traut sich nicht, mal tüchtig zuzulangen! Das ist alles. Glaubt mir!“ – So überlegen wie er tat, war Bastian aber nicht. Er blickte hilfesuchend zu den anderen und wirkte unsicher.

Seit der Gründung ihrer Bande hatten Bastians Reden immer Zustimmung gefunden. Doch die anderen schwiegen. Selbst der Chef. Ludger hatte es noch immer nicht aufgegeben Marc für die Bande zu gewinnen. Das „fromme Geschwafel“ gefiel ihm zwar auch nicht, er kam jedoch zu einem anderen Schluss als Bastian. In seinen Augen war Marc kein Weichei, im Gegenteil. Er fand ihn mutig. Er war sicher, dass er an Marcs Stelle sich nicht so hingestellt und vom Glauben gesprochen hätte. Wenn Marc an diesem Punkt standhaft war, dann war er es auch auf anderen Gebieten. Und ein solcher Typ gehörte einfach in ihre Bande.

„Was sollen wir denn tun? Einen Denkzettel müssen die Rifunstraßen-Leute doch verpasst bekommen, oder?“, fragte Ludger, als sei er an einem echten Rat von Marc interessiert.

Bastian war sauer. Was war denn das? Weshalb überging der Freund seine Feststellung und wandte sich so freundlich an den Neuen?

„Natürlich darf die Fahrradgeschichte nicht einfach so durchgehen“, bestätigte Marc. „Aber der Denkzettel muss anders aussehen, als ihr ihn geplant habt.“

„Warum?“

„Weil es nicht in Ordnung ist, ihnen eins auf die Mütze zu geben. Wenn ihr was Unrechtes tut, habt ihr kein Recht mehr euch über ihr Unrecht zu beklagen, kapiert ihr das nicht?“

Es entstand eine Pause. Alle überlegten angestrengt.

„Wie soll unser Denkzettel denn aussehen?“, unterbrach Ludger das Schweigen.

„Ganz einfach. Tut etwas, was die andern nicht tun würden, was sie dazu bringt, sich zu schämen.“

Bastian lachte und seine Freunde fielen mit ein. „Die Rifunis und sich schämen! Das werden die nie tun! Und wenn sie’s tun, ist das kein Denkzettel! Spar dir dein Geschwafel. Das ist doch nur Spinnerei, damit du Bescheid weißt.“

Marc fühlte sich verletzt und wollte gehen.

„Was hast du vor? Willst du verschwinden?“, fuhr ihn der lange Bastian an.

„Ja. Ich möchte gehen. Es ist doch ...“

„Hast du gedacht!“, schnitt ihm Bastian das Wort ab und packte ihn am Arm. „So kommst du nicht fort, mein Bürschchen! Du weißt jetzt, was wir geplant haben und kannst uns verpfeifen. Deshalb sperren wir dich so lange ins Gefängnis, bis wir den Plan durchgeführt haben!“

Marc erschrak. In den Geräteschuppen von Ludgers Eltern wollte er nicht. Hilfesuchend sah er die anderen sechs Jungen der Reihe nach an. Doch keiner schien ihm helfen zu wollen, alle sahen zu Boden. Marc flehte im Stillen zu seinem Herrn. Augenblicke später kam ihm ein rettender Gedanke. –

„Okay, ihr könnt mich ruhig einsperren“, sagte er so gelassen, wie es ihm in diesen Minuten möglich war. „Denkt aber daran, dass meine Eltern nicht weit weg wohnen. Wenn ich laut schreie, hören sie es auf der anderen Straßenseite. Dann sitzt ihr ganz schön in der Patsche!“

Das stimmte! Daran hatte keiner aus der Bande gedacht. Alle sahen sich jetzt ratlos an.

„Das mit dem Einsperren war nicht ernst gemeint", meldete sich Ludger nach einer Pause. „Das hat Bastian nur gesagt, um dir Angst zu machen. Ich mache dir einen anderen Vorschlag: Du bleibst bei uns, wirst ein Mitglied unserer Bande und wir versuchen uns umzustellen, nach deinen Vorstellungen zu handeln. Das wird natürlich nicht so schnell gehen. Du musst ein bisschen Geduld mit uns haben. – Ist das ein Angebot oder nicht?"

Ja, – wirklich, das hörte sich nicht schlecht an! Marc nickte. Vielleicht konnte er auf diese Weise die Jungen von ihrem Weg abbringen und sie für den Herrn Jesus gewinnen. Dann würde er nicht nur Freunde haben, sondern auch einen Jugendkreis, den sein Vater leiten könnte ...

„Bist du damit einverstanden?", riss ihn Ludger aus seinen Gedanken.

„Ich hab doch schon zugestimmt!", versetzte Marc.

„Genickt hast du. Das tun bei uns nur die Esel. Menschen können reden. Also sag schon was!", forderte Ludger.

„Ja, ich mach mit."

„Du sagst aber keinem was, verstanden! Alles was in der Bande gesprochen wird, unterliegt der Schweigepflicht", erklärte Ludger wie ein richtiger Chef.

Diese Anordnung passte Marc zwar nicht so ganz, doch er dachte jetzt nicht weiter darüber nach und ging zufrieden nach Hause. Für ihn war allein die Zusage von Bedeutung, dass er vom Herrn Jesus erzählen durfte.

3

Kompromisse

Marc hatte sein Elternhaus noch nicht betreten, da kam es im Büro zu einer heftigen Auseinandersetzung mit dem Chef.

„Wie konntest du diesem ‚frommen Heini' eine solche Zusage geben?", fauchte der lange Bastian. „Wir sind die ‚Rothmannstraßen-Bande', so ein Softi passt nicht zu uns! Wir wollen den nicht! Schon gar nicht, wenn er uns zu seinem frommen Kram bekehren will!"

„Genau."

„Bastian hat Recht!", stimmten ihm zwei der anderen Jungen zu. Damit war die Gruppe fast halbiert und drohte sich zu spalten.

Als Ludger das mit Erschrecken erkannte, versuchte er sich nichts anmerken zu lassen. Auseinanderbrechen, nein, auseinanderbrechen durfte die Bande nicht.

„Stopp! Stopp! Stopp!", rief er und baute sich selbstbewusst vor dem langen Bastian auf. „Was erzählst für einen Quatsch! Du spinnst dir nur was zusammen! Ich hab dem von da drüben nie versprochen, dass wir fromm werden wollen. Ich habe nur gesagt, dass wir versuchen werden uns eventuell umzustellen ..."

„Das heißt doch, dass wir fromm werden!", unterbrach Bastian heftig. „Ich wette mit dir, Marc hat das genauso aufgefasst."

„Das ist seine Sache, dann hat er eben Pech gehabt!“, versetzte Ludger und setzte ein schiefes Grinsen auf. „Ich wollte ihn nur locken. Ich möchte, dass er bei uns bleibt, denn wir brauchen noch Verstärkung, wenn wir den Kampf mit der Rifunstraßen-Bande gewinnen wollen. Ich musste ihm doch was anbieten. Verstehst du das nicht, du Dummkopf?“

Bastian und die anderen überzeugte dieser Plan nicht ganz.

„Ob der Neue da so mitmacht? Können wir uns auf den denn verlassen?“

Ludger erwiderte ungehalten: „Jetzt ist's mal so und es bleibt auch so! Ich bin überzeugt, wenn Marc eine Zeit lang bei uns ist, hat er Geschmack an unserer Sache gefunden, und wird seinen Kram für sich behalten!“

Damit war das Thema beendet und sie wandten sich anderen Dingen zu. Doch die übliche Lockerheit war irgendwie weg.

4

Merkt Marc denn nichts?

Am übernächsten Tag wurde Marc auf dem Schulhof von Ludger zur Seite gewinkt.

„Heute Nachmittag um fünfzehn Uhr am Büro“, sagte er kurz und leise, damit niemand es hören konnte.

„Was ist da?“, fragte Marc ebenso leise zurück.

„Komm, und du wirst's erfahren“, lautete Ludgers Antwort. Er drehte auf dem Absatz um, ging zum nächsten Bandenmitglied und informierte auf die gleiche Weise.

„Scheint eine wichtige Sache anzustehen“, folgerte Marc und vermutete, dass Ludger zum Kampf gegen die Rifunstraßen-Bande blasen werde. – Das konnte eine heiße Sache werden! Marc war so aufgeregt, dass er in den nächsten Stunden nur mit Mühe dem Unterricht folgen konnte. Obendrein plagte ihn noch die zweifelnde Frage: „War es wirklich in Ordnung, dass du Ludger versprochen hast, in der Bande mitzutun?“

Marc machte unwillkürlich eine abwehrende Bewegung mit der Hand. Sie war so auffällig, dass sie selbst Marcs Lehrer, der gerade eine Rechenaufgabe erklärte, bemerkte. –

„Was ist, Marc? Kannst du die Aufgabe besser erklären? Dann komm zu mir an die Tafel!“, verlangte Herr Fischer streng. Auf seiner Stirn bildeten sich Unmutsfalten.

Marc lief tiefrot an und versicherte eifrig, seine Handbewegung hätte nichts mit der Rechenaufgabe zu tun. Zum Glück hakte Herr Fischer nicht nach. Und Marc beschloss, sich jetzt nur noch auf den Matheunterricht zu konzentrieren. Doch es gelang ihm nicht.

Seine Gedanken kreisten unaufhörlich um Ludger und die Bande, und dass er nun dazugehörte. Und er suchte verzweifelt nach einem Motiv, das sein Mittun in der Gruppe rechtfertigte. Immerhin hatte Ludger doch angedeutet, dass er den Jungen vom Herrn Jesus erzählen dürfe …

Am Nachmittag war Marc früher am Büro, als der „Chef". Der kam aber wenige Minuten später von seinem Elternhaus her über den Rasen gerannt, und sperrte das Büro auf. Jetzt, nach und nach, trotteten auch die anderen heran. Als alle versammelt waren und Platz genommen hatten, warf sich Ludger, wie sich das für einen Chef gehörte, in die Brust. Dann stützte er sich mit den Händen auf den Tisch und begann mit gewichtiger Stimme:

„Hört mal zu: Ich hab eine tolle Neuigkeit für euch! Gestern war ich in der Rifunstraße und hab, – ihr werdet es nicht glauben, – dort eine Höhle entdeckt! Drin war ich noch nicht, aber den Eingang hab ich genau gesehen! Ich glaube, dort haben die Rifunstraßenleute ihr Versteck!"

„Eine Höhle? – Eine richtige Höhle?", fragte Beni und beugte sich atemlos vor. Die Jungen deuteten das als besonderes Interesse an Ludgers Entdeckung. Doch sie irrten, Beni hatte Angst. Der Gedanke, dass die Rifunstraßen-Bande vielleicht eine richtige Höhle hatte, beunruhigte ihn.

„Sei doch nicht so laut, Mensch!" Der Chef schüttelte ärgerlich den Kopf. „Es könnte uns doch jemand belauschen, so wie vor Tagen der Marc!"

„Deshalb hast du heute auch deine Taschenlampe mitgebracht“, überlegte der lange Bastian. „Wegen der Höhle!“

Ludger nickte kurz und erzählte weiter: „Also hört zu! Ihr kennt alle die Brücke in der Rifunstraße?“

Alle außer Marc nickten.

„Okay. Unter der Brücke führt ein Bach hindurch“, erklärte Ludger. „Jetzt im Sommer ist da nicht viel Wasser drin und ich konnte alles gut auskundschaften.“

„Los! Dann lass uns doch hingehen! Worauf warten wir noch!“, unterbrach ihn Bastian ungeduldig.

„Langsam, langsam. So schnell geht das nicht“, bremste ihn der Chef. „Ihr wisst doch, dass die aus der Rifunstraße stark und gefährlich sind.“

„Ja, ja, ich weiß das. Ich hab noch nicht vergessen, als sie mich mal gefangen hatten“, versicherte Beni hastig und fuhr sich mit der Hand über das Kinn. Den Kinnhaken von Fred aus der Rifunstraße würde er so schnell nicht vergessen.

„Ich habe keine Angst“, erklärte Sammi langsam und gedehnt, während er seine Fäuste drohend in die Höhe streckte. Er sagte nur selten etwas, doch was er sagte, setzte er auch in die Tat um.

Marc wurde es immer unbehaglicher zumute. Je länger er bei diesen Jungen war, um so deutlicher wurde ihm, dass er nicht hierher gehörte. Was hier gedacht und getrieben wurde, passte nicht zu ihm. Er wollte doch dem Herrn Jesus nachfolgen. Die Geschichte mit der Höhle und ihre eventuelle „Eroberung“, – auf etwas anderes konnten Ludgers Überlegungen nicht hinauslaufen, – setzten dem Unrecht noch die Krone auf. Keine Frage, er musste weggehen, schnellstens sogar! Doch das war sein Problem.

Schon die wenigen Tage, die er mit den Jungen zusammen war, hatten gereicht, um eine Bindung zu schaffen. Die Bande faszinierte ihn irgendwie. Dabei hätte er allen Grund gehabt, sich von ihnen zu trennen. Bis jetzt hatte er noch keine Möglichkeit erhalten, mit den Jungen über den Glauben an den Herrn Jesus zu sprechen. Er hatte sogar den Eindruck, dass sie gar nichts davon hören wollten. Also, warum redete er sich ein, deswegen noch bleiben zu müssen? Marc gestand sich ein, dass er an diesem Punkt nicht ehrlich war. Er benutzte das nur als Vorwand. In Wirklichkeit war er zu feige, um sich entschieden von der Bande zu trennen. – Wie schnell konnte man doch zum Weichei werden, wenn man vom klaren Kurs abwich! Marc schämte sich tief in seinem Herzen, doch er schwieg …

„Ja, ja, wir wissen, dass du stark bist und tüchtig zuschlagen kannst“, bestätigte Ludger dem Fäuste schwingenden Sammi. „Aber die aus der Rifunstraße haben drei Kerle wie dich in ihren Reihen.“

„Das Reden bringt uns nicht weiter“, schaltete sich der lange Bastian ein. „Ich bin ja auch noch da, wenn's drauf ankommt. Aber jetzt wollen wir einen Plan machen.“

Der Chef stimmte ihm zu, doch die anderen wollten zunächst über die Brücke gehen und dabei die Lage des Höhleneingangs in Augenschein nehmen.

„Nur so können wir einen vernünftigen Plan machen, und sind für den Einsatz gut vorbereitet“, meinte Sammi.

Dem konnten weder Ludger noch Bastian widersprechen, und die Bande marschierte zur Brücken-Erkundung in die Rifunstraße. Marc klopfte das Herz so heftig, dass er meinte es würde zerspringen. Wie heftig bedauerte er, dass er vor Tagen zur Gartenlaube geschlichen war. Was die Sache für ihn besonders schlimm machte, war, dass er mit den Eltern nicht darüber reden konnte. Wenn er doch auf sie gehört hätte. Bis zu diesem Augenblick wussten die Eltern nicht, dass er mit der Bande herumzog. Er wollte sich gar nicht vorstellen, wie enttäuscht sie sein würden, wenn sie von seinem heimlichen Treiben erfuhren. Und dass sie einmal davon erfahren würden, stand für Marc fest. Er machte sich da nichts vor.

5

Der große Tag

Die Vorbereitungen waren abgeschlossen, und der „große Tag“, wie der Chef ihn bezeichnete, war gekommen. Heute sollte die Bande aus der Rifunstraße ihr blaues Wunder erleben. Alles, was sie Ludgers Leuten angetan hatten, sollte ihnen heute heimgezahlt werden.

Siegessicher stand Chef Ludger vor seinem Büro, und wartete auf seine Leute. Für sein Empfinden ließen sie heute besonders lange auf sich warten. Sammi ließ sich als Erster blicken, und bekam vom Chef einen saftigen Verweis.

„Was hast du denn? Du spinnst wohl! Ich bin nicht zu spät! Es sind noch gut fünf Minuten bis zur vereinbarten Zeit!“, beschwerte sich Sammi empört.

Ludger hatte sich die ganze Zeit auf sein Gefühl verlassen und sah jetzt zur Uhr. Tatsächlich, er hatte sich getäuscht, der Freund hatte Recht! – „Tschuldigung, kann mich ja auch mal irren!“, sagte er.

Sammi nickte und winkte ab.

Im Minutentakt kamen nun auch die anderen angeschlichen, und erhielten keinen Rüffel. Ludger hatte sich wohl an Sammi ausgetobt. Als Letzter erschien Marc, und er hatte seine kleine Schwester Sindy im Schlepptau.

Alle in der Runde machten saure Gesichter, und sahen sich entrüstet an. Was, in aller Welt, ging in Marcs Oberstübchen vor, dass er ausgerechnet heute seine kleine Schwester mitbrachte! – Ludger lief rot an vor

Wut – „Was fällt dir denn ein!“, schrie er wütend. „Hast du sie nicht mehr alle? Weshalb bringst du die Göre mit? Weißt du nicht, was wir vorhaben?!“

Marc erschrak. Er hatte mit einem Anpfiff gerechnet, aber nicht mit einem so heftigen. Auch die kleine Sindy an seiner Hand zuckte zusammen und weinte. – „Doch, ich weiß schon was heute ansteht“, gab Marc kleinlaut zu.

„Dann schick die Göre wieder nach Hause!“, zischte Ludger scharf.

„Das geht nicht!“

„Das geht nicht ...! Das geht nicht ...!“, fiel ihm Ludger wütend ins Wort. „Das geht ja! Du musst dich mal gegenüber deinen Alten durchsetzen! Du kannst nicht ständig ihr Kindermädchen spielen, an einem solchen Tag wie heute schon mal gar nicht!“

„Ich kann Sindy nicht nach Hause schicken, denn da ist niemand“, widersprach Marc nun entschieden. „Vater ist zur Arbeit und Mutter hat einen dringenden Termin beim Arzt. Also muss ich auf Sindy aufpassen. Eigentlich bin auch nur gekommen, um euch zu sagen, dass ich heute nicht mitmachen kann.“ – Marc drehte um, und wollte mit der kleinen Schwester wieder gehen.

Ludger machte einen Satz auf ihn zu und hielt ihn am Arm fest. „Das kommt nicht in die Tüte!“, zischte er. „Wo du schon mal da bist, bleibst du auch hier! Heute wird jeder gebraucht, – dringend sogar!“

„Und was mach ich mit Sindy? – Mitnehmen kann und will ich sie nicht.“

„Genau erkannt!“, witzelte Ludger und schlug Marc auf die Schulter. „Lass sie hier! Unser Garten ist groß genug, da kann sie sich austoben!“

„Das kommt für mich nicht in Frage!“, unterbrach

Marc. „Ich lasse Sindy nicht allein. Dann gehe ich lieber nach Hause!“

Doch Ludger hielt ihn fest und sah fragend in die Runde. Aber alle zuckten ratlos die Schultern.

„Wartet mal!“, meldete sich mit einem Mal der lange Bastian. Er überlegte angestrengt. „Ich hab da eine Idee!“

„Rück schon raus mit der Sprache! Spann uns nicht lange auf die Folter!“

Bastian wandte sich an den Chef und fragte: „Wie wär' es mit Catrin, deiner Schwester? Sie könnte doch auf Sindy aufpassen, während wir in der Rifunstraße unterwegs sind?“

„Super! Das ist die Lösung!“, riefen einige zustimmend.

„Klar, das könnte sie tun. Aber erst muss ich mit ihr reden.“ Ludger schien nicht überzeugt davon, dass Catrin diese Aufgabe übernehmen würde.

„Frag sie!“, verlangte Bastian.

Ludger marschierte ins Haus und suchte seine Schwester. Er hatte sich getäuscht. Catrin erklärte sich sofort bereit, auf Sindy aufzupassen. Sie freute sich sogar über den Besuch und begann unter den Obstbäumen in dem schattigen Garten, mit Sindy zu spielen.

Das beruhigte Marc und er ging, wie er versprochen hatte, mit den Jungen.

6

Auf Schleichpfaden

Rasch war Ludger mit seinen Leuten in den Büschen am Wegrand verschwunden. – „Leise“, raunte er dem schwerfälligen Beni zu, „tritt nicht jeden Ast kaputt!“

Wenig später gelangten die Jungen zum Bach am Rand der Siedlung. An seinen Ufern wuchsen keine schützenden Sträucher, und die Mitglieder der Rothmannstraßen-Bande sprangen die Böschung hinunter. Hier unten konnten sie kaum entdeckt werden, überall wuchs hohes Schilf und Gras. Bald sahen sie vor sich die Brücke. Die Jungen kauerten sich nieder und suchten mit ihren Blicken den Bachlauf aufmerksam ab.

„Dort, – soll das der Höhleneingang sein?“, fragte Bastian, und zeigte zur rechten Böschung direkt hinter der Brücke.

Ludger nickte.

„Wo? Wo? Ich sehe nichts!“, meldete sich Beni.

„Halt die Klappe!“, zischte der Chef und blitzte den behäbigen Jungen an. –

„Attacke! Wir greifen an!“, schrie Ludger plötzlich und gab das verabredete Zeichen.

Alle sprangen hoch und stimmten ein wildes Gejohle an. „Jippi-jeh…! Jippi-jeh…!“ Und immer wieder: „Jippi-jeh…! Jippi-jeh…!“

Das Gebrüll war so furchterregend, dass jeder, der sich in der Nähe befand, vor Angst ausreißen musste. Auch die Leute auf der Brücke blieben stehen und schüttelten die Köpfe. – „Es ist unmöglich wie sich die heutige Jugend benimmt!“, meinten einige.

Inzwischen war der Chef mit seinen Leuten unter die Brücke geklettert, und sie konnten von oben nicht mehr gesehen werden. „So, das hätten wir geschafft“, stellte er zufrieden fest. „Aber jetzt müssen wir ganz leise sein. Niemand darf herausfinden, wo wir uns aufhalten.“

„Weshalb so vorsichtig? Von der Rifunstraßen-Bande ist doch keiner zu sehen! Und wenn, dann haben sie uns eh längst gehört!“ Sammi war enttäuscht. Er hätte gerne einmal wieder seine Fäuste gebraucht. – „Wahrscheinlich übertreibst du einfach und die von der Rifunstraße sind gar nicht hier.“

„Warte doch ab!“, knurrte Ludger bissig. „Du wirst es schon noch sehn! Das Wichtigste kommt noch!“

„Wo ist denn die Höhle?“, fragte der lange Bastian ungeduldig.

„Mensch, ihr könnt einem auf den Geist gehn!“ Ludger war genervt. Er zeigte hinüber zu einer Stelle, an der besonders hohes Schilf wuchs. Bastian und Sammi schlichen vorsichtig hin.

„Oh!“, staunte Bastian, als sie um das Schilf herumgekrochen waren. „Das ist ja ein Mordsloch!“

Sammi nickte und stellte fest: „Da kann man gut hineinkriechen.“

„Glaubst du auch, dass dahinter eine Höhle ist?“

Sammi zuckte die Achseln. „Gut möglich.“

Inzwischen waren auch die anderen gekommen. Mit großen Augen bestaunten sie das dicke Rohr, das vor ihnen in die Erde führte. Es war trocken und wurde offensichtlich nicht mehr benutzt.

„Wie ist es, Chef?“, meinte der lange Bastian herausfordernd. „Nun kriech hinein in deine Höhle. Es ist bestimmt nicht gefährlich.“ Die anderen Jungen nickten eifrig, obwohl sich von ihnen keiner in die dunkle Öffnung hinein getraut hätte.

7

Eine Überraschung

Ludger sah seine Leute der Reihe nach an. Nein, von ihnen war offenbar keiner bereit, in die Höhle zu gehen. Wohl oder Übel musste er hineinklettern wenn er erfahren wollte, ob die von der Rifunstraße sich drin versteckten und ihr Büro eingerichtet hatten. Langsam wandte er sich dem Eingang zu und besah ihn zögernd. Ihm war flau im Magen. Er hatte Angst. Doch Ludger bewahrte Haltung, die anderen sollten nicht merken was in ihm vorging und ihn als Feigling bezeichnen, er war schließlich ihr Chef! – Mutig kramte er seine Taschenlampe hervor, die er vorsichtshalber mitgebracht hatte und kletterte zur Rohröffnung hinunter. Erneut zögerte er.

„Ist es nicht doch zu gefährlich?", fragte er leise. „Wenn nun was passiert?"

„Ja, lass es sein! Es ist Blödsinn in das Rohr zu kriechen!", wollte Marc sagen. Er kam aber nicht dazu, weil der lange Bastian schneller war.

„Sag nur du kneifst? Jetzt, wo es spannend wird? Los, mach schon und geh rein! Das Rohr ist so dick, da kommst du mühelos durch! Wenn wirklich was sein sollte, schreist du so laut du kannst, und wir kommen dir zur Hilfe, okay?"

Ludger gab sein Einverständnis. Doch es klang nicht überzeugend. Er nahm all seinen Mut zusammen. Das Licht seiner Taschenlampe erleuchtete den dunklen Schlund nur wenig.

„Puh!", machte Ludger angewidert. Es war nicht

nur dunkel, sondern auch muffig und stickig hier drin! Doch er kämpfte sich tapfer vorwärts.

Die anderen stellten inzwischen Überlegungen darüber an, was der Chef alles entdecken könnte. Marc, der ganz am Rand der Gruppe stand, beteiligte sich nicht an den Gesprächen. Er fühlte sich sehr unwohl, hatte die Hände gefaltet und betete im Stillen: „Herr Jesus, vergib mir, dass ich mit den Jungen gegangen bin. Sie wollen nichts von dir hören. Sie meinen, dass sie dich nicht brauchen. Wenn diese Aktion herum ist, trenne ich mich von ihnen, ganz gleich wie sehr sie mir auch zusetzen werden. Nun schenke es doch, dass Ludger nichts passiert."

Der tastete sich inzwischen weiter vorwärts. Als er ein ziemliches Stück zurückgelegt hatte, traf der Strahl seiner Taschenlampe auf eine Wand. Das Rohr war zu Ende, es ging nicht mehr weiter. Ludger war enttäuscht und beschloss wieder umzukehren. Da verspürte er einen Luftzug, drehte sich zur Seite und bemerkte eine Nische. Noch bevor er recht überlegen konnte, bekam er einen kräftigen Stoß in den Magen und es packten ihn zwei Arme und hielten ihn fest.

Ludger war wie gelähmt. Er wollte schreien, aber es ging nicht. Durch den Tiefschlag bekam er keine Luft, und japste wie ein Fisch auf dem Trockenen.

„Keinen Mucks!", zischte eine drohende Stimme an seinem Ohr. „Sonst kannst du was erleben, klar?"

Ludger konnte sich noch immer nicht bewegen oder gar zur Wehr setzen. War die enorme Überraschung schuld daran? Ihm war, als hätte er die feindselige Stimme schon mal gehört, konnte sich aber weder erinnern wann noch wo. Ihm war nur klar, dass ihn einer aus der Rifunstraßen-Bande überlistet hatte.

Ludger war die Taschenlampe aus der Hand gefallen. Der andere ließ ihn plötzlich los, hob blitzschnell die Lampe auf, machte einen Schritt zurück und leuchtete ihm ins Gesicht.

„Nimm die Hände hoch!“, wurde aus dem Dunkel befohlen. „Ein bisschen flott, wenn ich bitten darf!“

Ludger hielt es für das Beste, der Aufforderung zu folgen. In der Nische konnten ja noch weitere Kerle stecken. – Eine ärgerliche Sache, wirklich, eine ganz ärgerliche Sache war das!

„Super! Das ist eine faustdicke Überraschung!“, sagte der Unbekannte triumphierend. „Da hab ich doch den Chef von der Rothmannstraßen-Bande gefangen! Das ist ein superschöner Tag für mich! Nein, dass ich auch so ein Glück hab!“

„Mit wem habe ich denn die Ehre?“, grunzte Ludger ärgerlich.

„Das ist wahr, das kannst du dir als Ehre zurechnen“, kam es überheblich zurück. „Du hast gerade die Bekanntschaft mit dem großen Chef der Rifunstraßen-Bande gemacht!“

„Au Backe!“, dachte Ludger. „Dann hab ich's mit Meik Tomm zu tun.“ Der war sehr stark, das hatte Ludger auch schon zu spüren bekommen. Also brauchte er es erst gar nicht auf einen Kampf anzulegen. Hier konnte er nur durch eine List gewinnen. –

„Hör mal, Meik Tomm“, sagte Ludger so ruhig wie es ihm möglich war, „ich halte es für besser, wenn wir nach draußen an die frische Luft gehen.“

„Okay, wir können auch draußen miteinander reden“, grinste Meik verschlagen. „Denk aber nicht, dass du ungeschoren davonkommst! Ich finde es unverschämt, dass du mich in meinem Büro gestört hast. Ist dir das klar? – Dafür musst du bestraft werden.“

Ludger gab es einen Stich. Er wurde noch aufgeregter. Doch er bemühte sich verzweifelt, äußerlich ruhig zu scheinen und fragte: „Darf ich wenigstens meine Hände herunternehmen?“

„Kannst du machen“, brummte Meik und drohte: „Aber ich möchte dir nicht raten wegzulaufen, sonst ...“

Ludger erwiderte nichts darauf und ging mit Meik, der dicht hinter ihm schritt, dem Ausgang zu. Meik lachte immer wieder vor sich hin. – „Das ist eine Sache!“, sagte er. „Ich habe den Chef der Rothmannstraßen-Bande gefangen! Das ist ein Feiertag für mich, findest du nicht auch?“

„Das ist ein Feiertag für mich, findest du nicht auch?“, äffte ihn Ludger verärgert nach. „Auf eine so blödsinnige Frage gebe ich keine Antwort, damit du es weißt!“

Plötzlich musste Ludger an seine Freunde draußen vor der Öffnung denken, und brauchte sich nicht mehr zu ärgern. Im Gegenteil, eine heimliche Freude stieg in ihm auf. Er stellte sich ihre Gesichter vor, wenn er mit dem Chef der Rifunstraßen-Bande auftauchte. Und was für eine böse Überraschung für Meik Tomm!

Als es nur noch wenige Meter bis zum Ausgang waren, wurde Ludger immer schneller. Meik musste sich anstrengen, um ihm folgen zu können.

„Bilde dir nur nicht ein, dass du abhauen könntest! Ich warne dich! Ich bin stärker als du und auch schneller“, rief der Chef der Rifunstraßen-Bande.

„Wie sollte ich abhauen? Ich habe kein blaues Wunder zu befürchten, aber du!“, gab Ludger selbstsicher zurück.

Meik lachte überheblich. „Kommst dir wohl wie der Größte vor. Aber warte nur ...“

In diesem Moment hatte Ludger den Ausgang erreicht, und sprang mit einem Satz hinaus. Seinen Freunden, die friedlich im Schilf saßen, rief er zu: „Achtung! Der große Chef der Rifunstraßen-Bande kommt! Schnappt ihn euch! Haltet ihn fest! Lasst ihn nur nicht entwischen!“

Meik Tomm riss vor Überraschung Mund und Augen auf und ließ die Taschenlampe aus der Hand fallen. Sie purzelte zwischen die Steine. Außer Marc stürzten sich nun alle auf ihn.

„Lasst mich los!“, brüllte Meik Tomm. „Lasst mich los! Ihr zerreißt mir meine Klamotten. Das kommt euch teuer zu stehn! Loslassen!“

„Hört nicht auf ihn!“, befahl Ludger, der nun auch kräftig mitmischte. „Er will nur ausreißen und Verstärkung holen!“

Der Kampf dauerte nicht lange. Meik Tomm sah ein, dass er hier nicht gewinnen konnte, und ergab sich der Übermacht.

Als sie sich im Kreis um den Chef der Rifunstraßen-Bande ins Gras gesetzt hatten, sah Ludger in der Nähe der Schilfinsel Marc stehen. Erst jetzt fiel ihm auf, dass Marc gar nicht mitgekämpft hatte und er fuhr ihn heftig an:

„Warum hast du uns nicht geholfen?!“

„Waren es noch nicht genug Leute, die über Meik herfielen?“, fragte Marc und wich dem scharfen Blick des Chefs nicht aus.

„Hat damit nichts zu tun! Jeder hat zu zeigen, dass er zu unserer Sache steht! Wer nicht mittut, der steht nicht dazu!“ Ludger wurde immer wütender und alle, die mit ihm um den gefangenen Chef der Rifunstraßen-Bande saßen, stimmten ihm zu.

„Wo hätte ich denn noch anpacken sollen? Ich

fand vor lauter Leuten ja keinen Platz mehr! Übrigens ist es auch unfair, wenn so viele über einen herfallen!“, hielt Marc entschieden dagegen.

„Willst du uns eine Predigt halten, oder was?“, schaltete sich der lange Bastian aufgebracht ein.

„Predigen will ich nicht. Aber damit erinnerst du mich an etwas“, erklärte Marc ein bisschen zögernd. Er wusste, dass er mit seinen Worten für Ärger sorgen werde. „Neulich habt ihr versprochen, dass ich von meinem Glauben an den Herrn Jesus erzählen darf, damit ihr euch umstellen könnt. Jetzt ist eine solche Gelegenheit gekommen. Der Herr Jesus hätte in einem solchen Fall ...“

„Jetzt halt deinen Mund!“, fiel ihm Ludger ins Wort. „Wir reden später darüber, aber nicht jetzt. Verstanden!“

Marc sah von den Jungen weg zum Höhleneingang und entdeckte Ludgers Taschenlampe zwischen den Steinen. Der Chef hatte sie offensichtlich ganz vergessen. Sie würde wohl dort liegen bleiben und von einem aus der Rifunstraßen-Bande gefunden werden.

„Geschieht ihm recht, wo er so patzig ist!“, dachte Marc. Aber schon im nächsten Augenblick tat es ihm Leid.

Marc schlenderte zum Höhleneingang, hob die Taschenlampe auf und hielt sie Ludger hin.

Der riss sie ihm aus der Hand, ohne ein Wort des Dankes zu verlieren. Doch Marc bemerkte einen Anflug von Beschämung auf Ludgers Gesicht.

Während die anderen weiter auf den gefangenen Chef der Rifunstraßen-Bande einredeten, überprüfte Ludger seine Taschenlampe und stellte fest, dass sie nicht mehr brannte. –

„Du hast sie kaputt gemacht!“, schrie er plötzlich zu Meik Tomm hinüber und funkelte ihn böse an. „Meine schöne Taschenlampe! Das sollst du büßen! Wir nehmen dich jetzt mit und sperren dich zur Strafe in unser Gefängnis!“

Wenig später zogen sie mit Meik Tomm in ihrer Mitte zurück in die Rothmannstraße 14.

8

Ein schlechtes Ende

Sie erreichten den weitläufigen Garten von Ludgers Eltern und nahmen Meik mit ins Büro. Ludger setzte sich wie üblich an die Stirnseite des Tisches. Die anderen mussten neben und hinter Meik Tom stehen bleiben. Dann wurde der Chef der Rifunstraßen-Bande einem gründlichen Verhör unterzogen. Zum Schluss fällte Ludger als Chef der Rothmannstraßen-Bande das Urteil. Dazu stand er auf und sagte gewichtig: „Gefängnis! Er wird bis auf weiteres in unser Gefängnis gesperrt! Meine Anweisungen sind genau zu beachten!“

Meik schien das Urteil nicht zu berühren. So gelassen wie er während der Verhandlung gewesen war, blieb er auch jetzt.

Das regte die Rothmannstraßen-Leute auf, Ludger im Besonderen. – „Was grinst du so dämlich?“, fragte er ärgerlich.

„Ich freue mich, dass ich nun weiß wie es in eurem Büro aussieht und wie man hier hereinkommen kann. Sperrt mich nun ruhig ein!“, dabei wurde Meiks Grinsen noch breiter.

Das schlug wie eine Bombe ein. Daran hatte keiner von ihnen gedacht! Jetzt hatten sie die Bescherung! Was sollten sie tun? Meik für immer einsperren, damit er nichts verraten konnte? Nein, das ging nicht. Seine Eltern würden nach ihm suchen, ihn hier bestimmt finden, und furchtbaren Krach schlagen.

Ludger wurde so nervös, dass er mit einem Mal schrie: „Raus! Bringt ihn raus! Steckt ihn ins Gefängnis! Ich sperr dann ab."

Meik ließ sich ohne Gegenwehr in den Schuppen bringen. Wortlos schloss Ludger ab. Er machte kein glückliches Gesicht dabei. Dann sah er in die Runde. Alle merkten, dass er etwas sagen wollte, aber er brachte keinen Ton hervor.

Währenddessen beschloss Marc im Geheimen, Meik in einem günstigen Augenblick aus dem Gefängnis zu befreien. Seine Eltern hatten einen großen Schlüsselbund, vielleicht hing da ein Schlüssel dran, der in das Vorhängeschloss am Schuppen passte.

In diesem Moment rief Ludgers Mutter zum Abendbrot. Da erinnerten sich auch die anderen, dass es schon spät geworden war und sie nach Hause mussten.

Bevor sie auseinander gingen, zeigte der lange Bastian zum Gefängnis und fragte besorgt: „Willst du ihn die ganze Nacht eingesperrt lassen?"

Ludger machte die Sache mit Meik keinen Spaß mehr. Er wusste aber nicht, wie er aus der Geschichte herauskommen sollte, ohne sein Gesicht zu verlieren. – „Weiß ich noch nicht!", erwiderte er barsch.

Einer plötzlichen Eingebung folgend beschloss er, noch einmal nach dem Chef der Rifunstraßen-Bande zu sehen, bevor er ins Haus ging. Er winkte Bastian herbei, der sich gegen die Tür stemmen musste, während er aufsperrte und das Vorhängeschloss abnahm. Man konnte ja nicht wissen, vielleicht nutzte Meik diesen Augenblick zu einem überraschenden Angriff und floh. Das durfte nicht geschehen. So leicht sollte Meik nicht entkommen. Auf keinen Fall! – Vorsichtig, Stück für Stück zogen beide die Tür auf. Doch sie meinten ihren Augen nicht zu trauen. Meik Tomm war nicht mehr im Gefängnis! – Er war weg, einfach geflohen! – Ludger war entsetzt und stieß einen Fluch aus. Wie war das möglich? Wie konnte Meik Tomm fliehen? –

Bastian sah als Erster das offene Fenster und zeigte darauf. – „Ein schönes Gefängnis hast du! Brauchst erst gar keinen einzusperren. Aus diesem Fenster kommt doch jeder raus!“, meinte er und schüttelte verständnislos den Kopf.

„Dass ich daran nicht gedacht habe!“ Ludger war wütend auf sich selbst. „Das ist blöd von mir, super blöd!“

Marc, der etwas abseits stand, sah das anders. Er war erleichtert, dass Ludger nicht an das Fenster im Schuppen gedacht hatte und Meik abhauen konnte. Es war nicht in Ordnung, wie mit ihm umgegangen worden war. Außerdem freute sich Marc, dass es ihm nun erspart blieb, Meik Tomm heimlich zu befreien. –

Plötzlich schüttelte sich Marc. Doch nicht, dass er fror, – es war ja ein warmer Sommertag. Ihn erfasste ein Grauen vor den Situationen, in die er durch seine Verbindung mit der Bande immer wieder kam. Es war höchste Zeit sich von ihnen zu trennen. Mochten sie von ihm denken und über ihn reden was sie wollten. Er hielt diese Spannungen und diese Aufregungen nicht mehr aus!

Wenn man nur dem Herrn Jesus folgte, ging alles viel besser. Da wurde man in solche Geschichten nicht verwickelt.

Marcs Mutter rief nun zum Abendbrot.

„Wo ist Sindy?“, fragte die Mutter, als er den Flur betrat.

Marc erschrak und lief rot an. Jetzt würde es herauskommen, dass er mit Ludger zusammengewesen war. Er konnte sich nicht herausreden, er wollte es auch nicht, obwohl er sich vor der Reaktion der Eltern fürchtete.

„Ich dachte, sie wäre schon hier“, sagte er schuldbewusst.

„Das ist sie aber nicht! Ich hatte dich gebeten auf sie aufzupassen, bevor ich zum Arzt ging. Hast du das nicht getan?“, bohrte die Mutter.

Ja, sie hatte ihn gebeten. Marc wurde es heiß. Jetzt kam auch noch der Vater von der Arbeit nach Hause. Wenn er die Sache erfuhr, wurde es schlimm. Vater konnte sich sehr ärgern, wenn seine Kinder etwas taten, was die Eltern ihnen untersagt hatten. – Marc war so aufgeregt, dass er gar nicht mehr richtig wusste was und wie alles abgelaufen war, als er mit Sindy zum Büro des Chefs gekommen war. Catrin, Ludgers Schwester, hatte doch mit ihr spielen wollen. Aber – Marc hatte beide Mädchen nach der Rückkehr von der Höhle in der Rifunstraße nicht mehr im Garten gesehen. Er hatte gedacht, Catrin hätte Sindy nach Hause geschickt, weil ihr das Spielen zuviel geworden war. Dem war leider aber nicht so.

„Was? Du warst drüben bei der Bande, und hast auch noch deine Schwester mitgenommen?“, fragte die Mutter enttäuscht und erschrocken.

Sofort schaltete sich auch der Vater ein. Er war ebenfalls verärgert, machte aber nicht viele Worte. – „Geh schnell rüber und hol Sindy nach Hause!“, befahl er. „Über deinen Ungehorsam reden wir später.“

Marc drehte auf dem Absatz um und lief zum Nachbarhaus.

9

Eine schlimme Entdeckung

Während er die wenigen Stufen vor dem Haus der Weilands hinaufstieg, betrachtete er die Haustür, die mit Schnitzereien versehen war und dachte: „Ludgers Eltern müssen viel Geld haben, dass sie sich so was leisten können.“

Dann klingelte Marc und sein Herz pochte heftig. Er hatte Angst, obwohl er nicht genau wusste, weshalb.

Augenblicke später öffnete ihm Frau Weiland, Ludgers Mutter, und fragte nach seinem Begehr.

„Ich möchte meine Schwester abholen“, sagte Marc.

„Deine Schwester?“ Frau Weiland war erstaunt. „Die ist nicht mehr hier“, erklärte sie.

„Doch, sie muss noch hier sein!“, behauptete Marc. „Nach dem Mittagessen hat Catrin versprochen, auf sie aufzupassen; und Sindy ist noch nicht zu Hause!“

„Catrin, komm mal her!“, rief Frau Weiland ins Haus. Das Mädchen erschien kauend im Flur. Marc schloss daraus, dass er Weilands beim Abendbrot störte. – „Weißt du, wo Sindy ist?“, fragte die Mutter. „Angeblich ist sie noch nicht zu Hause.“

Catrin lief rot an. Sie hatte wohl ein schlechtes Gewissen. „Kurz vorm Abendbrot ist meine Freundin gekommen und wir waren in meinem Zimmer. Da hab ich ganz vergessen, auf Sindy zu achten. Und nachher war sie nicht mehr da. Ich dachte, sie wäre nach Hause gelaufen.“

„Aber sie ist nicht zu Hause!“, sagte Marc hektisch und wusste nun, weshalb ihm schon vorher so unbehaglich gewesen war.

Nun wurde auch Frau Weiland unruhig und fragte: „Wo hast du Sindy zuletzt gesehen, Catrin?“

Catrin überlegte kurz. „In unserem Garten. Sie hat das Fallobst aufgelesen und zusammengetragen“, stieß sie aufgeregt hervor.

„Dann schauen wir schnell im Garten nach, vielleicht ist sie noch dort“, schlug die Mutter vor.

Rasch gingen die drei zur Terrasse und Catrin rief nach Sindy. Sie erhielt keine Antwort und rief wieder, lauter, dringender. Doch vergebens, das kleine Mädchen meldete sich nicht.

„Wir müssen den Garten nach ihr absuchen“, sagte Frau Weiland schließlich. „Vielleicht ist sie müde geworden, hat sich irgendwo hingelegt und ist eingeschlafen.“

Marc schöpfte etwas Hoffnung. Vielleicht war es ja wirklich so, wie Frau Weiland annahm. Während er neben den beiden zum Garten lief, flehte er im Stillen: „Herr Jesus lass uns Sindy finden! Schenke, dass ihr nichts passiert ist!“

Zunächst suchten sie bei der Gartenlaube. Sie sahen auch in das „Büro“ und das „Gefängnis“ hinein, aber Sindy war nicht da. Dann führte Catrin ihre Mutter und Marc zu der Stelle, an der sie das kleine Mädchen zuletzt hatte spielen sehen. Hier entdeckten sie zwar das von Sindy neben einem Strauch zusammengetragene Fallobst, aber sie selbst nicht.

Marc hörte seine Mutter rufen. Sie machte sich bestimmt große Sorgen. Mit heftig pochendem Herzen rannte er zur Straße hin.

„Sindy war nicht mehr bei Catrin. Wir suchen sie

jetzt im Garten!“ Nur wenige Minuten später war auch Marcs Mutter im Nachbargarten. Marc sah ihr an, dass sie Schlimmes befürchtete.

Frau Weiland versuchte sie zu beruhigen, aber es gelang ihr nicht. Auch sie befürchtete ja inzwischen, dass dem Kind etwas zugestoßen war.

Schließlich gelangten sie in die äußerste Ecke des Gartens, wo ein reichtragender Kirschbaum stand. Am Vormittag war ein Verwandter der Weilands hier gewesen, und hatte von den dunkelroten saftigen Früchten gepflückt. Die am Baum lehnende Metalleiter erinnerte noch daran.

Plötzlich schrie Frau Weiland auf. Sofort schrieen auch die anderen, – am lautesten Marcs Mutter. Hinter dem Kirschbaum lag Sindy reglos am Boden.

Während Catrin sich mit ihrer Freundin beschäftigt hatte, war Sindy die Leiter hinaufgestiegen und heruntergestürzt. – Wen traf nun die Schuld an diesem Unglück? – Catrin? – Ja, aber sie nicht allein! – Doch jetzt war nicht die Zeit, um die Frage nach der Schuld zu klären. Sindy brauchte schnellstens Hilfe!

Sindys Mutter und Frau Weiland war klar, dass die Kleine schon einige Zeit hier gelegen haben musste. Zu lange, um sie noch retten zu können? – Lebte sie überhaupt noch? – Sindys Mutter beugte sich über ihr Kind, horchte an seiner Brust und fühlte den Puls. Ja, es war noch Leben in ihr! – „Gott sei Dank!“, sagte sie leise und es klang wie ein Stoßseufzer.

Frau Weiland rannte ins Haus und rief den Notarzt an.

Der Arzt kam sofort und erklärte nach einer ersten Untersuchung: „Der Zustand des Kindes ist nicht lebensbedrohend, vorausgesetzt, sie hat keine inneren Verletzungen erlitten, was ich so nicht feststellen kann. Neben einer schweren Gehirnerschütterung, liegen einige Frakturen (Knochenbrüche) vor.“

Nachdem der Arzt seine Diagnose gestellt hatte, kam auch der Krankenwagen. Zwei Sanitäter brachten Sindy in die städtische Klinik. Sindys Mutter durfte mitfahren.

10

Gespräch mit dem Vater

Nachdem der Krankentransporter mit Martinshorn hinter der nächsten Hausecke verschwunden war, wurde Frau Weiland von einer Nachbarin zum Zaun gerufen und über das Geschehen ausgefragt. Ludger und Catrin liefen zu ihrem Vater, der, das Handy am Ohr, telefonierend auf der Terrasse hin und her ging.

Marc stand plötzlich allein da und kam sich furchtbar verlassen vor. Am liebsten hätte er geweint.

Plötzlich nahm ihn jemand bei der Hand. Marc sah auf – und seinem Vater ins Gesicht. Marc hatte ihn gar nicht bemerkt. Die Aufregung um Sindys Unfall und alle Ereignisse des Tages waren zu viel für ihn gewesen.

„Komm, wir gehen nach Hause“, sagte Herr Fiedler.

Marc nickte und folgte schweigend dem Vater. Doch immer wieder sah er ihn von der Seite her an. Er wollte wissen, was der Vater für ein Gesicht machte, versuchte in seinen Zügen zu lesen, was er dachte.

Er hatte doch vorher gesagt, dass er mit Marc noch über den Ungehorsam reden werde. Jetzt war das schreckliche Unglück noch dazu gekommen! Das würde was geben! – Marc wurde flau im Magen und er zitterte am ganzen Körper. – Beklagen, – nein, beklagen konnte und durfte er sich nicht. Er hatte sich alles selbst zuzuschreiben! – Hätte er den Eltern gehorcht, wäre das mit Sindy nicht passiert. – Überhaupt, wie würde das mit der Schwester ausgehen? Würde sie am Leben bleiben oder ... Marc wollte nicht weiter denken. Es war so furchtbar. Er wünschte sich, selber vom Baum gefallen und jetzt bewusstlos zu sein und alles nicht mitzubekommen was geschah und noch geschehen würde! – Das eine stand jedoch fest, nie wieder wollte er so handeln, wie er gehandelt hatte.

Als sie ihren Hausflur betraten, weinte Marc los. – „Du – du kannst mich ruhig schimpfen, bestrafen, Papa!", schluchzte er. „Ich – ich bin allein an allem, – allem schuld! – Ich werde so was auch nie wieder tun!"

Marc wartete darauf, dass der Vater jetzt loslegen werde. Doch er sagte gar nichts. Marc sah ihn nur Nicken und die Wohnzimmertür öffnen. Rasch ging Marc ihm nach und ließ sich im Wohnzimmer auf die Couch fallen. Der Vater setzte sich ihm gegenüber müde in einen Sessel. So saßen sie eine ganze Weile und schwiegen sich an.

Mit einem Mal sah Marc die Schultern des Vaters zucken. Was hatte er denn? Der Vater weinte. Jetzt kramte er sein Taschentuch hervor und trocknete sich damit die Wangen. Das war etwas Neues für Marc. Er hatte den Vater noch nie weinen sehen und erschrak.

„Papa! – Schimpf mich doch! – Bestraf mich doch! Aber bitte, – bitte weine nicht!", flehte Marc.

Der Vater sah auf und schüttelte den Kopf. „Warum sollte ich dich noch strafen, wo Gott so ernst mit dir geredet hat. Merk dir sein Reden gut und richte dich in Zukunft danach."

Dann faltete der Vater die Hände und bat den Herrn Jesus darum, dass er Marc die Schuld vergeben und Sindy beistehen möchte, dass sie wieder gesund werde.

Marc saß auf seinem Platz und wusste nicht wie ihm geschah. So hatte er sich die Zurechtweisung nicht vorgestellt. Doch sie traf ihn schmerzlicher, als wenn er bestraft worden wäre.

Eine Weile später stand er auf, ging zum Vater und legte ihm die Arme um den Hals. „Mir tut alles so Leid, Papa!“, sagte er und musste wieder weinen. Der Vater strich ihm zärtlich über die Wange.

11

Die Rache des Meik Tomm

Der nächste Tag war ein schulfreier Samstag. Die Geschichte mit Sindy setzte auch Ludger zu. Als Chef der Bande bemühte er sich zwar weiterhin den Starken zu spielen, aber es gelang ihm nicht so richtig. Wer ihn näher kannte, sah, dass Ludger bedrückt war. Auch auf dem Weg zu seinem Büro ließ er den Kopf hängen.

Er sah erst auf, als er kurz vor dem Gartenhäuschen stand, und stutzte. – Da stimmte etwas nicht! – Er war hundertprozentig sicher, dass er am Abend die Tür ordnungsgemäß verschlossen hatte, doch jetzt stand sie weit offen! Da musste in der Zwischenzeit jemand drin gewesen sein! Ludgers Schritte wurden schneller und sein Gesicht war angespannt. Er machte sich Sorgen. In welchem Zustand würde er sein Büro vorfinden!

Im Türrahmen blieb Ludger ruckartig stehen. Der Raum war völlig verwüstet. Der Tisch war umgeworfen, die Stühle lagen am Boden, an einem war sogar die Lehne abgebrochen. Das Regal war von der Wand gerissen und seine Akten, die aus Schulheften bestanden, lagen zerrissen auf dem Boden. Ludger war gewiss keine Heulsuse, aber das war zu viel, in diesem Moment musste er weinen.

Nein, da gab es keinen Zweifel, hier war Meik Tomm mit seinen Leuten am Werk gewesen. Er hatte Rache dafür genommen, dass sie ihn gefangen und eingesperrt hatten. – Bestimmt saß Meik nun mit seiner Gang zusammen und freute sich mit ihnen über die gelungene Aktion.

„Aber wartet nur, ihr gemeinen, hinterlistigen Burschen! Ihr freut euch zu früh! Ihr bekommt alles wieder zurückgezahlt, – doppelt und dreifach sogar! Verlasst euch drauf!“, drohte Ludger während er sich die Tränen von den Wangen wischte, und er sprach so laut, dass Catrin es hörte, die, von ihm unbemerkt, auf die Terrasse getreten war.

„Warum bist du so wütend?“, rief sie dem Bruder zu. Der wandte sich ihr entgegen, und sie sah sein verweintes Gesicht. „Du meine Güte! Was ist denn geschehen?“, fragte sie und rannte in den Garten hinunter. Als sie neben Ludger stand und die Bescherung sah, stieß sie einen Schrei des Entsetzens aus und hatte Mühe, nicht auch zu weinen. Es war schlimm was die aus der Rifunstraße angestellt hatten, wo Ludger sein Büro doch so schön eingerichtet hatte!

„Los, wir räumen auf!“, sagte Catrin. „Es wird wieder alles so schön wie vorher“, versuchte sie ihrem Bruder Mut zu machen.

„Hab keine Lust! Die hauen doch wieder alles zusammen!“, lehnte Ludger niedergeschlagen ab.

Catrin dachte einen Augenblick nach. „Wenn sie wiederkommen, werden sie erwischt.“

„Quatsch! Willst du vielleicht Tag und Nacht hier als Wächter sitzen?“ – Ludger schüttelte den Kopf. – „So was Unmögliches konnte wirklich nur Mädchen einfallen!“, dachte er.

„Will ich nicht!“, entgegnete Catrin. „Aber Vater kann hier eine Sirene anbringen. Was denkst du wie die heult, wenn jemand die Tür öffnet.“

„Hey, Kleine, – gar nicht so dumm!“, gab Ludger erstaunt zu und nickte anerkennend.

„Also gehen wir an die Arbeit!“, forderte Catrin.

Als sie Ordnung geschaffen hatten, setzten sich die beiden schweigend an den Tisch und sahen aneinander vorbei. Catrin bemerkte, dass ihr Bruder sehr traurig war.

„Was hast du?“, fragte sie.

„Meine schönen Hefte sind und bleiben futsch! Was ich hineingeschrieben hatte, ist nicht mehr zu ersetzen!“, klagte Ludger.

Catrin, die nicht viel hoffnungsvoller dreinschaute als der Bruder, konnte nachfühlen, dass es weh tat, wichtige Aufzeichnungen verloren zu haben. „Tut mir echt Leid. Aber trotzdem, wenn du nicht mehr zu beklagen hast, kannst du noch zufrieden sein.“

Ludger lachte bitter. „Tu nicht so wie eine alte Oma, als ob du wer weiß was zu tragen hättest!“

„Jedenfalls hab ich mehr zu tragen als du!“, wehrte sich Catrin energisch.

Ludger lachte wieder, diesmal aber spottend. „Einen Zentner Einbildung hast du zu tragen, sonst nichts!“

„Quatschkopf!“ Catrin ärgerte sich. „Was war denn gestern mit Sindy? – Ich bin allein schuld daran, dass sie von der Leiter gefallen ist, und vielleicht nie wieder gehen kann. Ist das nur Einbildung, – he?“

Ludger sah beschämt zu Boden. An die Geschichte mit Sindy hatte er im Augenblick gar nicht gedacht. Klar, das war viel schlimmer als seine zerstörten Akten, das musste er schon zugeben.

„Tschuldigung! Hast Recht …“, sagte er und brach ab. Und er fragte sich: „Ist Catrin wirklich allein schuld daran, dass die kleine Sindy vom Kirschbaum fiel?“

Ludger kam zu einer Antwort, die ihm nicht gefiel, und wehrte sich einen Augenblick lang dagegen.

Doch dann überwand er sich und sagte: „Das stimmt nicht! Die Sache mit Sindy hast du nicht allein auf dem Buckel. Ich, wir alle aus der Bande sind mit schuld. Okay, du hast nicht auf Sindy aufgepasst, als deine Freundin kam. Du hättest aber gar nicht auf sie aufzupassen brauchen, wenn wir Marc nicht dazu überredet hätten, mit uns zur Höhle in der Rifunstraße zu gehen. Verstehst du?"

Catrin lehnte sich auf ihrem Stuhl zurück, und sah nachdenklich zur Decke. Als sie den Bruder wieder ansah, meinte sie: „Hast Recht. Aber dann hat auch Onkel Edwin Schuld. Er hat die Leiter am Baum stehen lassen, als er mit dem Kirschenpflücken fertig war."

„Genau", bestätigte Ludger. „Aber das hilft uns nicht weiter. Was machen wir mit unserer Schuld? Wie schaffen wir sie aus der Welt? – Ich möchte nicht ständig mit einem schlechten Gewissen herumlaufen. Du etwa?"

Catrin überlegte sehr lange. – „Ich weiß es nicht. Ich hab keine Ahnung", sagte sie dann und blickte traurig. „Vielleicht sollten wir Sindy mal im Krankenhaus besuchen und hören, wie schlimm ihre Verletzungen sind. Wenn sie nicht so schlimm sind, beruhigen wir uns wahrscheinlich wieder. Oder?"

Ludger imponierte der Vorschlag. – „Okay, das machen wir! Wenn Bastian, Beni und die anderen kommen, rede ich mit ihnen. Sie sind ja auch schuld, und müssen mit ins Krankenhaus gehen, damit es auch ihnen wieder leichter wird."

Danach blickten die Geschwister wieder zuversichtlicher drein.

12

Ist das die Lösung?

Kurz nachdem Catrin ins Haus gegangen war, trudelten Ludgers Freunde nacheinander ein. Jeder setzte sich auf seinen gewohnten Platz, nur der Stuhl von Marc blieb frei. Doch keiner fragte nach ihm. Es blieb ihnen auch keine Zeit dazu, weil sie vom Chef mit einer Neuigkeit überfallen wurden.

„Haltet euch fest!“, sagte Ludger in einem Ton, der selbst den trägen Beni gespannt aufhorchen ließ. „Es ist was Ungeheuerliches passiert!“

„Oh nein!“, winkte Bastian gelangweilt ab. „Wir wissen das doch schon.“

„Wenn du die Sache mit Sindy meinst, darüber wollte ich nicht mit euch sprechen, zumindest jetzt noch nicht“, schnitt ihm Ludger verärgert das Wort ab.

„Okay, dann schieß los!“ Bastian lehnte sich auf seinem Stuhl zurück und tat, als wollte er schlafen.

Das brachte Ludger fast zur Weißglut. Er musste sich mit aller Gewalt zusammennehmen, um nicht loszuschimpfen. Er atmete tief durch und hatte sich bald wieder unter Kontrolle.

„Echt, es war zum Heulen, wie das Büro heute Morgen aussah! Alles war auf den Kopf gestellt. Der Tisch war umgeworfen, die Stühle lagen in den Ecken, das Regal war von der Wand gerissen ...“

Ludger unterbrach sich, weil er den Eindruck hatte, dass ihm seine Leute nicht glaubten. Er stand auf, nahm die Plastiktüte von dem kleinen Tischchen in der Ecke und leerte sie auf dem großen Tisch aus. Die Jungen verstanden nicht, was der Chef damit bezweckte, und starrten verständnislos auf die Papierfetzen vor ihnen.

„Was soll das?“, Sami fuhr mit der Hand in den Haufen hinein, und warf einige Fetzen hoch.

„Das waren mal meine Akten!“, sagte Ludger betont und konnte nicht verbergen, dass ihn der Verlust noch immer schmerzte. „Ich hab die Fetzen ausgekippt, damit ihr eine Ahnung davon bekommt, wie es hier aussah.“

„Was meinst du denn, wer sich hier ausgetobt hat?“, fragte Beni in seiner gewohnten schwerfälligen Art.

„Für mich ist das keine Frage. Das war Meik Tomm mit seinen Leuten!“, entgegnete Ludger entschieden.

Er hätte das nicht so zu betonen brauchen, weil außer Beni diese Vermutung alle schon längst hegten. –

Augenblicke später meldete sich Beni erneut zu Wort. „Der kaputte Stuhl dort, das ist doch der von Marc!“, stellte er fest. „Ist es nicht komisch, dass gerade an seinem Stuhl die Lehne abgebrochen wurde?“

Beni erhielt keine Antwort. Darüber hatte sich noch keiner Gedanken gemacht, selbst Ludger nicht.

„Sieht so aus, als ob Marc bei uns keinen Platz mehr haben sollte“, überlegte Beni.

„Quatsch! Warum sollte er bei uns keinen Platz mehr haben!“, wies Ludger diese Überlegung zurück.

„Übrigens, wie geht es Marcs Schwester, der kleinen Sindy? Ist sie gefährlich verletzt? Weiß einer von euch was Näheres?“, schaltete sich Sami ein.

Einer sah den anderen fragend an und jeder schüttelte den Kopf.

„Wir sollten sie mal besuchen – denke ich“, schlug Ludger vor.

Die Jungen nickten beifällig, alle außer Bastian. Er gab seine lässige Haltung auf, setzte sich steif aufrecht hin und fragte barsch: „Warum sollten wir das tun?“

Ludger ahnte, dass sich hier eine Auseinandersetzung anbahnte. „Wir sind nicht schuldlos an ihrem Unfall“, erklärte er „Das weiß auch jeder von uns und hat irgendwie ein schlechtes Gewissen. Deshalb ist es wichtig, dass wir erfahren, wie es Sindy geht. Wenn es sie nicht schlimm erwischt hat, können wir beruhigt sein.“

„Das bin ich auch so! Ich fühl mich nicht schuldig! Warum auch? Ich hab der Göre nicht gesagt, dass sie auf den Baum klettern soll!“, erwiderte Bastian kalt.

„Stimmt! Das hast du nicht gesagt. Das hat auch keiner von uns getan. Aber du hast, wie wir alle, Marc beeinflusst, nicht bei seiner Schwester zu bleiben, sondern mit uns zu gehen. Also bist du an dem Unglück auch schuld“, konterte Ludger.

„Von mir aus kannst du so viel reden wie du willst. Mir machst du kein schlechtes Gewissen. Ich sehe das nicht so eng. Ich bin unschuldig!“, behauptete Bastian ungerührt.

„Bist du nicht!“, mischte sich Sami ein. „Du wärst es nur, wenn du dich für Marc eingesetzt hättest; wenn du gesagt hättest, dass er bei seiner Schwester bleiben soll. Das hast du aber nicht getan. Also …“

Bastian sprang so erregt auf, dass sein Stuhl fast umgekippt wäre, fuhr mit der Hand durch die Luft und fauchte: „Wisst ihr was, ihr könnt mich mal!“ – Damit rannte er aus dem Büro.

Die anderen sahen ihm erschrocken nach.

„Den haben wir gesehen. Der kommt nicht wie

der“, stellte Sami fest und in seiner Stimme lag eine gewisse Traurigkeit.

„Wenn das wirklich so ist, wie soll's dann mit uns weiter gehen?“, fragte Dirk besorgt, der nur selten etwas sagte. „Mit denen aus der Rifunstraße brauchen wir uns dann in keinen Kampf mehr einzulassen. Ohne Bastian haben wir gegen die keine Chance. Wir müssen dann die Verwüstung unseres Büros einfach so hinnehmen. Denn sie werden wiederkommen! Die geben noch keine Ruhe!“

Alle schwiegen. Auch Ludger schien darauf keine Antwort zu wissen. Dann sagte er nachdenklich: „Wir müssen ja auch nicht mit Meik Tomm und seinen Leuten kämpfen. Wir haben jetzt was anderes zu tun, uns um Sindy zu kümmern – finde ich.“

Wieder wurde es still. Mit einer solchen Antwort hatte keiner gerechnet, schon gar nicht von Ludger. Die Sache mit Marcs kleiner Schwester musste ihn schwer getroffen haben.

„Du willst die Geschichte mit dem Büro Tomms Leuten einfach durchgehen lassen? Du willst echt keine Vergeltung, Chef?“, fragte Sami noch immer ungläubig.

„Sindy ist wichtiger als die Rifunstraßen-Leute. An ihr haben wir einiges gutzumachen“, versicherte Ludger.

„Stimmt schon“, gab Sami nach kurzem Überlegen zu.

„Also geht ihr mit ins Krankenhaus?!“

„Ja!“

13

Denkwürdiger Besuch

Schon am nächsten Nachmittag fuhren Ludger, Sami, Beni, Dirk und Leon mit dem Bus zum Krankenhaus. Unterwegs sprachen sie nur wenig miteinander, und ihre Gedanken drehten sich um Sindy.

„Ich denke, dass ihr nicht viel passiert ist“, meinte Leon nach einer Pause hoffnungsvoll.

„Das wünsche ich mir auch!“, antwortete Sami sorgenvoll. „Aber ich hab ein komisches Gefühl im Bauch. Sie hat bestimmt was Schlimmes.“

So schwankten die Überlegungen der Jungen zwischen Hoffen und Bangen.

„Ob sie wenig oder viel abbekommen hat, ist nicht so wichtig“, schaltete sich Dirk ein. „Die Hauptsache ist, dass sie nicht stirbt.“

„Das kann aber passieren, oder?“, fragte Sami ungewohnt ängstlich.

„Hört endlich auf!“, forderte Ludger.

In diesem Augenblick hielt der Bus vor dem Krankenhaus, und die fünf stiegen aus. Als sie die Eingangshalle betraten, machte die Dame am Auskunftsschalter große Augen. So viele Jungen kamen nur selten auf einmal und wenn, dann machten sie nur Quatsch. Aber diese fünf waren anders, das sah sie sofort. Sie wirkten ängstlich und besorgt.

„Könnten Sie uns bitte sagen, auf welchem Zimmer die kleine Sindy Fiedler liegt“, fragte Ludger so höflich, wie er schon lange niemanden mehr gefragt hatte. „Wir möchten sie besuchen.“

Weil er so anständig gefragt hatte, war auch die Dame an der Auskunft sehr freundlich. – „Einen Augenblick, bitte, ich muss mal nachsehen“, sagte sie und blätterte in einem großen Buch. Dann hielt sie inne und las. – „Die kleine Sindy Fiedler liegt noch auf der Intensivstation. Dort könnt ihr sie leider nicht besuchen. Nur ihre Eltern und ihr Bruder dürfen zu ihr.“

Die Jungen waren enttäuscht und machten traurige Gesichter. – „Dürfen wir auch nicht mal einen ganz kleinen Augenblick nach ihr sehen?“, fragte Ludger enttäuscht.

Sie schüttelte den Kopf. „Nein, leider nicht. Aber wenn sie auf die Normalstation verlegt wird, könnt ihr sie jeden Tag besuchen“, versuchte die freundliche Dame zu trösten.

Die Jungen bedankten sich für die Auskunft. Ludger ließ den Kopf hängen. Da hatten sie den weiten Weg mit dem Bus auf sich genommen, um Sindy zu sehen! Alles umsonst.

Als die Jungen noch in der Eingangshalle standen, kam Sindys Mutter. – „Was macht ihr denn hier?“, fragte sie die Jungen verwundert.

„Wir wollten Sindy besuchen, aber wir dürfen nicht zu ihr“, erklärte Ludger bekümmert. „Sie wollen doch sicher zu Sindy, nicht wahr?“

Frau Fiedler bestätigte das.

„Können Sie uns nicht mitnehmen? Wir möchten doch so gerne wissen, wie es ihr geht!“ Ludger sah Frau Fiedler bittend an.

Frau Fiedler freute sich über das Mitgefühl der Jungen, das sie nicht erwartet hatte. – „Euren Wunsch kann ich leider nicht erfüllen“, erwiderte sie bedauernd. „Sindy geht es nicht gut, deshalb darf außer uns niemand zu ihr. Wir beten im Augenblick darum, dass sie nicht stirbt“, fügte sie leise hinzu.

Die Jungen durchfuhr ein heißer Schreck. Frau Fiedlers Worte hörten sich gar nicht gut an. Sie deckten sich mit ihren schlimmsten Befürchtungen. Jetzt wären sie erst recht gerne zu Sindy gegangen, um das kleine Mädchen zu sehen. Ihnen spukten ganz schlimme Vorstellungen durch den Kopf. Aber sie sahen ein, dass sie heute nichts erreichen konnten.

„Sobald es Sindy besser geht, sage ich euch Bescheid. Dann dürft ihr sie gerne besuchen kommen“, versicherte Frau Fiedler.

Eine halbe Stunde später saßen die fünf wieder im Bus und fuhren zur Stadtrandsiedlung zurück.

14

Wie werden sie sich entscheiden?

Marc trat ans Fenster in seinem Zimmer und sah in den Nachbargarten hinüber. Ludger stand mit seinen Freunden vor dem Büro, dann verschwanden die Jungen darin. Marc überlegte, dass er schon drei Tage nicht mehr drüben gewesen war, und er war froh darüber. Nur in der Schule tat es ihm hin und wieder leid, dass er nicht mehr mit den Jungen zusammen war. In den Pausen allein zu sein mit seinen trüben Gedanken war nicht angenehm.

Ludger und seine Leute schienen aber auch nicht glücklich zu sein. Sie liefen mit bedrückten Gesichtern herum. Manchmal schien es Marc, als mieden sie ihn, weil sie ein schlechtes Gewissen hatten. – Seit er von der Mutter erfahren hatte, dass sie im Krankenhaus gewesen waren, meinte er sogar, dass in ihnen etwas vorging. Sonst wären sie nicht zu Sindy gefahren, dafür kannte er die Jungen nun zu gut. Vielleicht würden sie ja umdenken? Marc faltete die Hände und betete für Ludger, für Bastian, Sami, Leon und die anderen.

Er öffnete das Fenster und horchte angestrengt zum Nachbargarten hinüber. Doch er konnte keinen Laut hören. Ludger und seine Leute waren sehr leise heute. Das war etwas Neues. In der Vergangenheit hatte er das Fenster nur zu öffnen brauchen, und schon war von drüben Krawall zu hören gewesen.

„Ob ich doch mal rüber gehen soll?“, überlegte Marc. „Vielleicht kann ich ihnen irgendwie helfen.“

Minuten später stand Marc wie vor Wochen auf dem Nachbargrundstück hinter der Ligusterhecke. Die Jungen sprachen wirklich sehr leise. Er schnappte nur einzelne Wortfetzen auf. Trotzdem wurde Marc schnell klar, dass ihr leises Reden nicht wie früher mit dem Ausklügeln eines geheimen Planes zusammenhing, sondern Ausdruck von Traurigkeit war.

„ ... Glaubt mir. Es hat sie schlimmer erwischt, als wir denken ...“, hörte Marc nun jemand sagen und tippte von der Stimme her auf Sami. „... Warum hat uns die Frau am Auskunftsschalter nicht zu ihr gelassen? ...“ überlegte ein anderer, vermutlich Leon. „... Wie ernst Sindys Mutter getan hat! ...“, warf Beni ein. „... Da ist was oberfaul ...“, ließ sich Dirk vernehmen. – Marc wunderte sich, dass er gar nichts von Ludger hörte. Wenn von den Jungen jemand eine Schuld an dem Unglück traf, dann vor allem ihn! Ludger hatte als Erster darauf bestanden, dass Marc zur Höhle an der Rifunstraßenbrücke mitging ...

Endlich unterschied Marc auch Ludgers Stimme. Sie klang leise und ganz anders als sonst. „... Die Schuld ... die Anklagen, dass ich an Sindys Sturz mitschuldig bin, ... wisst ihr, die ... die machen mich fertig ... total fertig ... Ich ... ich wäre sie so gerne los ... aber ... aber es klappt nicht ... es klappt einfach nicht. Ich ... ich weiß nicht wohin damit! Versteht ihr das?“, stotterte er gequält.

„Ja, verstehen wir – gut sogar!“, versicherte Sami bedrückt.

Marc wurde mit einem Mal ganz leicht ums Herz, er verließ sein Versteck und ging auf dem normalen Weg zum Büro.

Ludger sah ihn durch die offenstehende Tür als Erster. Er war über Marcs Kommen nicht erfreut. Sein nachdenkliches Gesicht bekam einen finsteren Zug. – „Macht euch auf etwas gefasst!“, stieß er hervor. „Der Fiedler wird uns jetzt erst mal zur Schnecke machen.“

Niemand widersprach Ludgers Vermutung. Was sollte Marc, den keiner gerufen hatte, auch anderes wollen?

Zu ihrem Erstaunen machte Marc kein bitteres Gesicht, als er das Büro betrat. War es über Nacht besser mit seiner Schwester geworden? – Stand jetzt fest, dass sie nicht sterben werde?

„Mach schon den Mund auf und sag was!“, forderte Ludger ungeduldig.

Marc wusste was sie hören wollten, sagte aber sehr freundlich: „Guten Tag!“

„Quatsch!“ Ludger ärgerte sich. „Weißt du was Neues von Sindy?“

„Nein. Ihr Zustand ist weiterhin kritisch.“

„Und? Berührt dich das nicht?“

„Wieso?“

„Weil du so froh aussiehst?“

„Ich bin froh, weil ihr euch jetzt vielleicht helfen lasst“, erklärte Marc und sah die Jungen nacheinander freundlich an. Sie wurden auch nicht sauer, wie er befürchtet hatte, sondern nur erstaunt.

„Wie? Du freust dich, dass wir Hilfe brauchen? Ist das echt ein Grund zum Freuen? Mensch, sei nicht so überheblich“, schnappte Ludger. „Du sitzt schließlich in einem Boot mit uns.“

„Stimmt“, gab Marc ruhig zu „Ich hab mich vielleicht ungeschickt ausgedrückt. Aber ich hoffe einfach, dass aus der schlimmen Geschichte mit Sindy doch noch etwas Gutes herauskommt. Denn der Herr Jesus hat die Lösung für Leute, die nicht mehr glauben, dass sie allein klar kommen. Die sind ihm nämlich lieber als die Starken, die seine Hilfe nicht wollen."

Wenn die Geschichte mit Sindy nicht gewesen wäre, hätte Marc nicht mehr weiter reden dürfen. Für die Jungen stellte Marcs Behauptung alles auf den Kopf. Weshalb sollten Jesus die Schwachen lieber sein, als die Starken?! Mit Schwächlingen war doch nichts anzufangen! Kein Wunder, dass sie von diesem Jesus bisher noch so gut wie nichts gehört hatten. So etwas getraute sich ja niemand zu erzählen! Eigentlich war Marc auch der Erste, der ihnen so richtig von Jesus erzählte.

„Hör doch auf", meinte Dirk schließlich. „Wer will schon ein Schwächling sein? Das ist nicht angenehm."

„Man bleibt kein Schwächling, wenn man dem Herrn Jesus nachfolgt", erwiderte Marc. „Man wird von ihm stark gemacht durch seine Kraft. Deshalb sagt der Herr Jesus: ‚Meine Kraft ist in den Schwachen mächtig.'"

„Warum muss man erst schwach werden, damit er einen stark machen kann?", unterbrach Sami das Schweigen und Marc stellte fest, dass sie mehr verstanden hatten, als er vermutet hatte.

„Weil der Herr Jesus nur denen seine Stärke schenkt, die verstanden haben, dass ihre eigene Stärke nicht reicht, die zugeben, dass sie die Hilfe Jesu brauchen."

„Okay, ich verstehe", nickte Sami und folgerte. „Du meinst also, Gott möchte uns durch die Sache mit Sindy dazu bringen, dass wir uns von ihm helfen lassen.

„Super! Du hast's kapiert! Genau so ist's!" Marc atmetet erleichtert auf.

„Ich habe immer noch nicht kapiert, was du dabei hast? Dir kann das doch egal sein, ob wir an deinen Jesus glauben, oder? Willst du uns bekehren?“

Auf eine solche Frage war Marc nicht gefasst. Er zögerte aber nur einen Augenblick. – „Ich finde es schön, wenn ihr zum Herrn Jesus kommt. Ihr werdet dann merken, dass ihr euch nicht mehr mit eurer Schuld abquälen müsst. Ihr könnt sie bei ihm abladen und er vergibt sie euch gerne. Ohne Schuld zu leben, das macht stark, glaubt es mir. Der Herr Jesus hat die Strafe getragen, die wir verdient haben, als er damals am Kreuz gestorben ist. Jeder, der ihm seine Schuld bekennt, kann frei werden. Ein Kind Gottes.“

„Du freust dich echt darüber, wenn Jesus uns hilft?“, fragte Dirk.

„Ja.“

„Das nehme ich dir nicht ab. Da steckt noch was dahinter. Du musst auch was davon haben!“, versetzte Leon.

Es entstand eine Pause. Marc wusste nicht, wie er es erklären sollte.

„Jetzt bist du sprachlos, nicht wahr! Leon hat den Nagel auf den Kopf getroffen. So selbstlos wie du tust, bist du nicht! Es macht dir Spaß, uns klein zu sehen. Aber das funktioniert nicht mit uns, merk dir das!“, triumphierte Dirk.

Marc gab es einen Stich. Er war versucht, heftig zu werden. Doch ihm wurde die Kraft geschenkt, dass er ruhig bleiben konnte. – „Ich habe nie behauptet, dass ich selbstlos bin. Aber ich freue mich einfach, wenn ihr Jesus sucht und Hilfe bei ihm findet“, sagte er.

Bei dem Namen Jesus schaute Ludger endlich auf, der die ganze Zeit teilnahmslos und vor sich hinbrütend an seinem Platz gesessen hatte. Marc fühlte, dass der ‚Chef' mehr noch als die anderen unter seiner Schuld litt. „Wie wird er jetzt reagieren?", fragte sich Marc gespannt.

„Du hast lange genug gepredigt, Mann! Für dich kann die Sache mit diesem Jesus in Ordnung sein, wir kommen auch ohne ihn zurecht, klar?!"

„Schade!", sagte Marc und ging enttäuscht nach Hause.

15

Zerschlagene Hoffnung

Eine Woche später erschien Ludger so fröhlich in der Schule, wie seine Freunde ihn schon lange nicht mehr erlebt hatten.

„Was ist? Hast du was gewonnen?“, erkundigte sich Sami.

„Gewonnen hab ich nichts. Aber was Schönes erfahren!“, verkündete Ludger.

„Dann heraus mit der Sprache! Spann uns nicht lange auf die Folter! Vielleicht können wir uns ja mit dir freuen“, meinte Dirk.

„Bestimmt“, versicherte Ludger und erzählte: „Gestern Abend war Marcs Mutter bei uns. Sie hat uns erzählt, dass Sindy von der Intensivstation gekommen ist und in einem normalen Zimmer liegt. Wir dürfen sie jetzt besuchen. – Versteht ihr, was das heißt?“

„Na klar! Wir sind doch nicht doof!“, stieß Leon hervor.

Noch bevor er weiterreden konnte, hatte auch der sonst etwas langsame Beni die Sache begriffen und sprach dazwischen: „Super! Sindy geht's besser! Wir brauchen uns um sie keine Kopfgedanken mehr zu machen!“

Alle lachten und Beni schaute verdutzt drein. „Kannst du auch noch mit was anderem denken, als mit dem Kopf?“, fragte Sami belustigt.

Die Schulglocke kündigte den Unterrichtsbeginn an, und machte dem Gelächter und Gefrotzel ein Ende.

In der ersten Pause schlug Ludger den Freunden vor: „Wir fahren gleich heute Nachmittag zum Krankenhaus, damit wir endlich wieder unsere Ruhe bekommen. Ist das okay? – Macht ihr mit?“

Alle stimmten zu und Sami regte an: „Sollten wir Sindy nicht auch ein Geschenk mitnehmen?“

„Klar, machen wir“, pflichtete ihm Ludger bei. „Daran hab ich nicht gedacht. Ist eine super Idee.“

Auch die anderen waren mit dem Vorschlag einverstanden. Und Ludger erklärte sich bereit, etwas zu besorgen.

Am Nachmittag erschien er mit einem kleinen Teddy und einem Päckchen Schokolade an der Bushaltestelle. Sami, Leon, Beni und Dirk waren überzeugt, dass der Chef eine gute Wahl getroffen hatte, und Sindy sich über die kleinen Geschenke freuen werde.

Frohgestimmt bestiegen sie den nächsten Bus und hatten das Empfinden, dass er heute, wo sie nicht schnell genug zu Sindy kommen konnten, nur sehr langsam vorankam. Umso rascher stiegen sie dann am Krankenhaus aus und rannten in das Gebäude. Heute brauchten sie nicht lange zu suchen und wandten sich gleich zur Auskunft.

Die Frau am Schalter erkannte sie wieder und fragte, noch bevor sie etwas sagen konnten: „Ihr wollt doch zu dem kleinen Mädchen! Wie heißt es denn noch gleich?“

„Sindy Fiedler!“, stieß Ludger atemlos hervor.

Die Frau beugte sich über das große Buch vor ihr und fuhr mit dem Finger über die einzelnen Eintragungen. Dabei sagte sie gedehnt: „Wollen mal sehn, auf welches Zimmer sie gekommen ist.“

„Was hat sie nur, dass sie heute so lange in das Buch

sieht!“, dachte Ludger, und drehte sich kopfschüttelnd zu den anderen um.

Da sah die Frau von dem Buch auf und machte ein ernstes Gesicht. Die Jungen zuckten leicht zusammen.

„Ich kann euch auch heute nicht zu Sindy lassen“, sagte sie und in ihrer Stimme lag Mitleid mit den Jungen.

„Wieso?“, fragten alle im Chor.

„Sindy liegt auf der Intensivstation und darf außer von ihren Eltern und ihrem Bruder von niemandem besucht werden. Das sagte ich doch schon, als ihr das vorige Mal hier ward“, erklärte die Frau und war darum bemüht, die Jungen zu trösten.

Sami, Dirk, Leon und Beni sahen verwirrt zu Ludger. Ludger war verstört und sagte zu der Frau am Auskunftsschalter: „Sie haben sich bestimmt geirrt. Sindy Fiedler ist nicht mehr auf der Intensivstation. Gestern Abend war ihre Mutter bei uns und sagte, sie sei in ein normales Krankenzimmer gekommen und könnte besucht werden . – Ganz bestimmt, das hat sie gesagt!“

„Das glaub ich dir, meine Junge“, nickte die freundliche Frau. „Aber das war dann gestern Abend. Sindy ist anscheinend inzwischen wieder auf die Intensivstation verlegt worden.“

„Weshalb denn?“, fragte Ludger erschrocken. Die Jungen wechselten die Farbe. Sie ahnten, dass Sindys Rückverlegung auf die Intensivstation nichts Gutes bedeutete.

„Das weiß ich nicht.“

Die Jungen wurden noch trauriger.

„Sindys Mutter kann euch Auskunft geben“, tröstete die Dame, der die Jungen Leid taten. „Ich habe sie heute Nachmittag schon gesehen. Sie wird im Moment noch bei ihrer Tochter sein. Ich werde mal auf der Intensivstation anrufen.“

Wenige Minuten später kam Frau Fiedler in die Eingangshalle hinunter. Sie war ernst, aber nicht unfreundlich und nahm die Jungen etwas beiseite. An Ludger gewandt sagte sie: „Es tut mir Leid, dass ihr wieder nicht zu Sindy könnt. Das wusste ich gestern Abend aber noch nicht, da sah alles noch anders aus. In der Nacht verschlechterte sich ihr Zustand so sehr, dass sie erneut operiert und auf die Intensivstation gebracht werden musste. Schuld daran waren innere Verletzungen, die man bis dahin nicht erkannt hatte. Aber jetzt hoffe ich, dass es mit Gottes Hilfe bei Sindy aufwärts gehen wird. Ich sage euch sofort Bescheid, wenn es Sindy besser geht. Soll ich Sindy einen Gruß von euch bestellen?“

Ludger nickte. „Und geben sie ihr das bitte von uns.“ Er reichte Sindys Mutter den kleinen Teddy und die Schokolade.

Schweigend und mit hängenden Köpfen verließen die fünf das Krankenhaus. An der Haltestelle mussten sie längere Zeit auf den Bus warten.

„Ich glaube nicht mehr daran, dass Sindy wieder gesund wird“, meinte Ludger bedrückt. „Selbst wenn sie die letzte Operation übersteht, kann ja jederzeit wieder ein Rückfall kommen.“

„Und den würde Sindy dann nicht mehr überstehen. Dafür ist sie noch zu klein und zu schwach“, ergänzte Sami und alle stimmten ihm zu.

16

Krisensitzung

Drei Tage später bestellte Ludger seine Freunde in sein Büro. Er musste mit ihnen reden, allein wurde er mit dem was er hörte und fühlte nicht mehr fertig. Nachdem sich in der Nachbarschaft herumgesprochen hatte, dass Sindy einen Rückfall erlitten hatte, und noch immer keine Besserung bei ihr eingetreten war, wurde der Druck in seinem Herzen immer stärker.

Besonders nachdem Frau Koster, die Nachbarin, mit seiner Mutter gesprochen hatte! Ihr war das wilde Treiben im Nachbargarten schon lange ein Dorn im Auge. –

„Sie hat behauptet, dass ich die Hauptschuld an Sindys Unfall habe", klagte Ludger. „Wenn ich die Jungen aus der Rifunstraße in Ruhe gelassen hätte, wäre das Unglück nicht passiert. Marc hätte dann wie immer auf seine Schwester aufgepasst."

Als Ludger sich seine Sorgen vom Herzen geredet hatte, wartete er vergeblich auf eine aufmunternde Antwort. Die Freunde schwiegen. Nach ihrer Ansicht hatte Frau Koster nicht Unrecht. Sie wagten es dem Chef aber nicht zu sagen, weil sie ihn nicht noch trauriger machen wollten.

Doch Ludger ahnte was in den Köpfen der Freunde vorging. „Schöne Freunde seid ihr! Das hätte ich nicht von euch gedacht!", schimpfte er enttäuscht. „Ich habe diese Krisensitzung einberufen, weil ich auf eure Hilfe gezählt habe. Aber ich sehe schon, dass ich mich da geschnitten habe. Ihr macht es mir noch schwerer! – Dankeschön auch, – vielen, vielen Dank!“

„Jetzt halt mal die Luft an!“, empörte sich Sami. „Wir können doch nicht sagen, dass die Koster Unrecht hat, wenn es nicht stimmt!“

„Ihr habt auch auf Marc eingeredet, dass er mitkommen und seine Schwester hier lassen sollte!“, verteidigte sich Ludger.

„Langsam! Langsam! Du hattest doch die Idee, die Rifunstraßen-Bande zu überfallen! Darum hast du die Hauptschuld – ganz klar!“, widersprach Dirk.

„Auf euch kann ich mich nicht verlassen!“, beklagte sich Ludger. „Ihr steht nur zu mir, so lange alles gut geht! Hätte ich das nur vorher gewusst, ...“ Ludger sprach nicht weiter.

Mitten in der hitzigen Diskussion stand plötzlich Beni auf, der heute nicht viel gesagt hatte, und sprach so laut, wie man ihn nur selten reden hörte: „Ruhe! Hört mir mal zu!!“

Als es still geworden war, schlug er vor: „Ich bin dafür, dass wir Marc holen!“

„Was willst du denn von dem?“, fragte Leon nicht gerade freundlich. „Der fehlt uns noch!“

„Er soll mal sagen wie er die Sache mit seiner Schwester sieht“, erklärte Beni.

„Ist das wichtig?“, fragte Dirk und schüttelte verständnislos den Kopf. „Was haben wir denn davon?“

„Er hat doch auch Schuld. Er hätte nicht auf uns zu hören brauchen und stattdessen mit Sindy nach Hause gehen können“, erklärte Beni.

„Stimmt, da hast du Recht“, gab Sami überrascht zu. „Aber was nützt uns das? Warum willst du mit Marc sprechen?“

„Das ist ganz einfach", erklärte Beni. „Ich möchte von ihm wissen, ob auch er seine Schuld einsieht. Und wenn er sie einsieht, möchte ich wissen, wie er damit fertig wird. Vielleicht können wir was von ihm lernen, vielleicht hat er eine Lösung für uns und wir müssen nicht weiter streiten!"

„Bist gar nicht so dumm, wie du aussiehst!", warf Leon ein, aber niemand lachte.

„Okay. Vielleicht kann Marc uns tatsächlich helfen. Wer geht ihn holen?", sagte Ludger nach einer Pause.

Die Jungen blickten einer zum anderen, doch niemand meldete sich freiwillig. Schließlich platzte Sami heraus: „Beni hatte die Idee, also soll er auch gehen!"

Das war eine Lösung. Beni war nicht begeistert, aber er drückte sich nicht, sondern machte sich nach kurzem Zögern auf den Weg zum Nachbarhaus.

Einige Minuten später kam er mit Marc zurück.

„Der denkt gar nicht an Schuld! – Die Sache mit seiner Schwester macht dem anscheinend gar nichts aus. Das sehe ich dem doch an! Der wird uns nicht helfen, höchstens noch anklagen! Echt, den hätten wir nicht zu holen brauchen", dachte Sami, als Marc das Büro betrat und an der Tür stehen blieb.

Es entstand eine Pause.

„Warum wolltet ihr mich denn sprechen?", erkundigte sich Marc schließlich.

Schweigen.

„Könnte es sein, dass du an der Geschichte mit Sindy auch nicht ganz schuldlos bist?", fragte Ludger unvermittelt.

Marc zögerte einen Moment. Er war überrascht über die Frage. – „Klar habe ich Schuld", sagte er dann, „ich war für Sindy verantwortlich. Anstatt auf sie aufzupassen, bin ich mit euch gegangen."

Einen Augenblick lang schwiegen die fünf Jungen. Es verwunderte sie, dass Marc seine Schuld so offen eingestand. Er verhielt sich ganz anders als sie. Doch keiner sprach es aus.

„Hast du deine Schwester gern?“, wollte Sami stattdessen nach einer Weile wissen.

„Natürlich, – selbstverständlich hab ich Sindy gern! Sie ist doch meine Schwester.“ – Marc schüttelte ein wenig verständnislos den Kopf.

Sami störte sich nicht daran und fragte weiter: „Also du fühlst dich schuldig und hast deine Schwester gern? Wie kommt es dann, dass du so cool und gelassen sein kannst, – als hättest du keine Schuld an dem Unglück?“

Gespannt warteten die Jungen auf Marcs Antwort.

Plötzlich war auf dem Dach ein dumpfer Schlag zu hören. Alle im Büro erstarrten vor Schreck. Was war das? Ein Überfall? – Hatte sich die Rifunstraßen-Bande angeschlichen? Wurden sie mit Steinen bombardiert? – Eigenartig war nur, dass kein zweiter Schlag mehr erfolgte. Die sechs Jungen nahmen allen Mut zusammen und stürmten nach draußen. Doch zu ihrem Erstaunen fanden sie keine Angreifer vor, sondern hörten vom Bürodach ein leises, unschuldiges Miauen. Muschi, die weiß-orange-farbene Katze der Weilands, war aus den Ästen des mächtigen Lindenbaumes auf das Bürodach gesprungen und blinzelte unschuldig zu den Jungen herab.

Dirk war so verärgert, dass er sie fortjagen wollte. – „Lass doch!“, wehrte Leon ab. „Sei doch froh, dass es nur die Katze war und nicht die aus der Rifunstraße.“

Nachdem wieder Ruhe eingekehrt war, sagte Ludger zu Marc „Du bist uns noch eine Antwort schuldig. Wie kommt es, dass du trotz deiner Schuld so ruhig bist?“

Marc sah ihm aufrichtig in die Augen. „Es tut mir total Leid, dass meine kleine Schwester im Krankenhaus liegt! Was gäbe ich dafür, wenn ich ihren Unfall ungeschehen machen könnte. Ich habe mich da so falsch verhalten, und Sindy muss darunter leiden und wird vielleicht nicht mehr gesund!“, erklärte er traurig.

„Aber trotzdem hab ich das Gefühl, dass du gelassener bist als wir. Wie kommt das?“, fragte Ludger nach.

„Meine Schuld ist vergeben“, erklärte Marc voller Gewissheit.

Die Jungen sahen einander an und ihre Blicke verrieten, was sie dachten. Das hatten sie ja noch nie gehört, dass der eigene Quatsch, die eigenen Fehler plötzlich nicht mehr da sein sollten! Wie sollte das denn vorgegangen sein?

„Einfach so vergeben, als ob nichts wäre?“, fragte Ludger nach. „Machst du es dir nicht ein bisschen einfach?“

„Wir können unsere Schuld weder verstecken noch verharmlosen, das ist klar! In der Stadt, in der wir früher gewohnt haben, ging ich in einen christlichen Jugendkreis. Dort gaben alle zu, dass sie ein schlechtes Gewissen hatten, wenn sie was Unrechtes taten, auch wenn fest stand, dass kein Mensch dahinter kommen würde …“

„Okay“, fiel ihm Ludger ungeduldig ins Wort. „Red nicht so viel ums Thema herum. Sag uns lieber, wie und durch wen du deine Schuld losgeworden bist.“

„Durch den Herrn Jesus.“

„Durch Jesus?“, fragte Leon misstrauisch. „Gibt der sich denn mit Leuten, die Quatsch gemacht haben, überhaupt ab?“

„Klar! Gerade für die, die zugeben, dass sie Schuld haben und sie loswerden wollen, ist er gekommen", versicherte Marc. „In der Bibel wird uns gesagt: ‚Wenn wir unsere Sünden bekennen, so ist er treu und gerecht, dass er uns die Sünden vergibt und uns reinigt von aller Ungerechtigkeit.' Und was in der Bibel gesagt wird, das stimmt, denn sie ist Gottes Wort. Darauf kann man sich hundertprozentig verlassen."

„Okay. Aber wie hast du das gemacht, ich meine, wie hast du Jesus deine Schuld gegeben? Ich hab keine Vorstellung, wie das geschehen kann."

Alle schauten auf Marc und waren gespannt, was er nun sagen werde. Das mit diesem Jesus, der Schuld wegnahm, war ja so neu für sie! Wenn es aber wirklich stimmte, war das natürlich eine tolle Sache!

Marc geriet leicht ins Stottern. Die gespannten Blicke der Jungen hemmten ihn irgendwie. „Ich – ich habe mich in meinem Zimmer hingekniet, und – und habe dem Herrn Jesus alles gesagt, was ich falsch gemacht habe. Dann – dann habe ich ihn um Vergebung gebeten und ihm dafür gedankt, dass er mir meine Schuld vergibt."

Die Jungen sahen ihn erwartungsvoll an. Sie rechneten damit, dass noch etwas kommen werde. „War das alles?", fragte Ludger überrascht

„Ja!"

Ludger war enttäuscht. „Ich dachte, man müsste noch wer weiß was machen."

„Nein! Alles was zur Tilgung der Schuld erforderlich ist, hat der Herr Jesus am Kreuz getan", versicherte Marc. „Wir müssen nur zu ihm kommen. Ihm unsere Schuld bekennen und ihm unser Leben geben, ihm versprechen, dass wir ihm gehorchen und ihm nachfolgen wollen. Das ist alles, was wir zu tun haben, alles andere macht er."

Es entstand eine Pause. Die fünf sahen sich vielsagend an. Schließlich platzte Dirk heraus: „Das haben wir noch nicht getan! Muss man das?"

„Klar", entgegnete Marc. „Der Herr Jesus sagt in der Bibel, dass man zu ihm kommen muss, wenn man seine Hilfe haben möchte. Das ist doch klar! Wer nicht zu ihm kommt, dem kann der Herr Jesus nicht helfen."

„Meinst du, dein Herr Jesus würde auch uns annehmen, wenn wir ihm nachfolgen möchten? Sind wir ihm nicht zu schlecht?", fragte Ludger nach einer Weile ziemlich niedergeschlagen.

„Natürlich nimmt euch der Herr Jesus an!", erklärte Marc froh und zuversichtlich.

„Bist du da wirklich sicher? Woher willst du das wissen?", forschte Sami.

„Weil es in der Bibel steht. Der Herr Jesus sagt: ‚Wer zu mir kommt, den werde ich nicht hinausstoßen.'", erklärte Marc.

„Das ist super!", stieß Ludger hervor und war nicht mehr so niedergeschlagen wie vorher.

„Dann kommt doch! Entscheidet euch für ihn! Macht's doch gleich!", ermutigte ihn Marc.

Ludger stutzte und sah fragend von einem zum anderen. Doch alle schwiegen.

„Wir lassen uns das noch mal durch den Kopf gehen", sagte Ludger.

„Natürlich könnt ihr euch das noch überlegen. Aber glaubt mir, es ist der einzige Weg, um Frieden zu finden!", erklärte Marc.

Ludger atmete erleichtert auf, und besprach mit den Freunden noch die verschiedensten Dinge.

Marc beschloss zu gehen. Da unterbrach Ludger die Beratung und bat: „Bete doch noch mit uns für Sindy, dass es besser mit ihr wird. Du kannst besser beten als wir."

Marc erstaunte diese Bitte. Noch vor einer Woche hätte Ludger sie nicht über die Lippen gebracht, und Marc betete sehr herzlich für Sindy.

17

Das hätten sie nicht gedacht

Herbst und Winter waren vergangen und der Frühling gekommen. An Fiedlers Schrebergarten, der außerhalb der Stadtrandsiedlung lag, blieben alle Wanderer bewundernd stehen, denn dort standen nicht nur die verschiedensten Obstbäume, sondern auch eine Menge bunter Blumen in voller Blüte.

Auch Fiedlers freuten sich an der Blütenpracht ihres Gartens, aber noch mehr an Sindy. Es zeigte sich nun mehr und mehr, dass sie nicht an den Rollstuhl gefesselt sein würde, wie die Krankenhausärzte zunächst befürchtet hatten. Mit etwas Unterstützung konnte Sindy schon einige Meter gehen.

Einen weiteren Anlass zur Freude boten die fünf Jungen aus der Rothmannstraßen-Bande. Sie hatten einer nach dem anderen zum Glauben an den Herrn Jesus gefunden! Und auf Marcs Anregung hin trafen sich die Jungen einmal in der Woche, um biblische Geschichten zu hören. Herr Fiedler hatte die Aufgabe übernommen, den Jungen mehr über die Bibel zu erzählen.

Damit war Marc an seinem neuen Wohnort zu einem Jugendkreis und zu Freunden gekommen und war glücklich.

Heute nun, an einem schulfreien Samstag, waren die Jungen von Fiedlers in den blühenden Schrebergarten eingeladen worden. Auch Sindy und ihre Freundin nahmen an diesem kleinen Ausflug teil. Herr

Fiedler las einige Geschichten aus der Bibel vor und besprach sie mit den Jungen. Danach gab es leckeren Kuchen und Kakao. Unter den blühenden Bäumen und zwischen den bunten Blumenbeeten wirkten die Geschichten noch interessanter als in Fiedlers Wohnzimmer. Auch der Kuchen schmeckte in der vom Sonnenschein überstrahlten freien Natur viel besser als zu Hause. – Zwischendurch nahm Frau Fiedler das Liederbuch „Singt froh dem Herrn" zur Hand, und übte mit den Jungen und Mädchen verschiedene Lieder ein und der Gesang schallte froh durch den Garten.

Als Meik Tomm von dem Garten-Treffen erfuhr, rief er seine Leute aus der Rifunstraße am Höhleneingang vor der Brücke zusammen.

„Ich hab eine wichtige Neuigkeit!", erklärte er. „Die aus der Rothmannstraße treffen sich heute im Fiedlerschen Garten!"

„Na und?", meinte Rony gleichgültig, der, wie alle anderen, Meiks Aufregung nicht verstand. „Ludger und seine Leute sind zahm geworden, die tun uns nichts mehr!"

„Und das Treffen? – Was ist mit dem Treffen im Schrebergarten, – sag schon – was ist damit?", fauchte Meik aufgebracht.

„Nichts! Sie werden halt irgendwas feiern." Rony ließ sich nicht aus der Ruhe bringen.

„Schlafmützen seid ihr! Super Schlafmützen!", schimpfte Meik. „Ich kenn die aus der Rothmannstraße besser als ihr! Die haben die ganze Zeit nur auf zahm gemacht, um uns in Sicherheit zu wiegen. – Das ist ihnen auch gelungen, wie ich sehe. – Ich will euch sagen, weshalb sie sich im Garten treffen.

Sie arbeiten einen Schlachtplan aus, um uns einen empfindlichen Schlag zu versetzen. – Denkt daran, dass die Vergeltung für meinen Ausbruch aus ihrem Gefängnis und unsere Zerstörung ihres Büros noch aussteht!"

„Das ist ein halbes Jahr her!", wandte Rony ein.

„Trotzdem!"

Die anderen wurden nachdenklich. Meiks Überlegungen waren wirklich nicht von der Hand zu weisen!

„Kommt ihr mit, Ludger und seiner Bande zuvorzukommen und ihnen einen Denkzettel zu verpassen?"

Die Jungen nickten.

„Passt auf, wir schleichen uns zum Garten der Fiedlers. Unser Überfall muss so gründlich sein, dass sie ein für allemal genug haben und sich nicht mehr an uns herantrauen!", verkündete Meik.

„Was heißt das? An was hast du gedacht?", erkundigte sich Rony.

„An einen Steinhagel. In der Nähe des Gartens liegen genug Steine herum. Wenn wir sie damit eingedeckt haben, springen wir aus unserem Versteck hinter den Hecken hervor, und stürmen mit lautem Geschrei in den Garten. Wenn wir dann noch jemand von ihnen erwischen, wird er grün und blau geschlagen", erklärte Meik.

„Das ist ja brutal", meinte Lothar, dem die Sache nicht behagen wollte. „So was haben die aus der Rothmannstraße aber noch nicht gemacht!"

„Wenn du jetzt schon die Hosen voll hast, dann bleib hier", erwiderte Meik Tomm großspurig. „Solche Typen können wir bei diesem Kampf nicht gebrauchen!"

Lothar hätte am liebsten nicht mitgetan, aber er befürchtete, von der Bande ausgeschlossen zu werden und dann allein zu stehen. Deshalb versicherte er: „Nein, nein, so ist das nicht! Ich komm schon mit. Ich meinte halt nur ..."

Meik winkte energisch ab und befahl: „Los, Freunde, gehen wir!"

Etwa zehn Minuten später hatten sie Fiedlers Schrebergarten erreicht.

„Seid mal still!", Lothar blieb plötzlich stehen und horchte. „Mir scheint, die singen!"

„Warum das? Ich habe die aus der Rothmannstraße ja noch nie singen gehört!", wunderte sich Rony.

„Ganz einfach! Sie haben einen Plan ausgebrütet und feiern ihn, weil sie ihn super finden!", meinte Meik Tomm grinsend. „Doch sie haben nicht mit uns gerechnet! Wir werden ihnen die Sache gründlich verderben!"

Als sie weitergehen wollten, hatte Lothar einige Liedworte aufgeschnappt und sagte: „Sie singen aber kein Kampflied! Ich habe was von Jesus, der sie befreit hat oder so, gehört. – Sind sie fromm geworden – oder was?"

„Red keinen Stuss! Los! Weiter!", zischte Meik. „Vergesst nicht leise zu sein. Keiner unternimmt was, bevor ich nicht das Kommando gegeben habe. Verstanden?!"

Alle nickten und schlichen weiter.

18

Gefahr für Marc und seine Freunde

Unbemerkt gelangten die Jungen zum Heckenzaun, der den Garten umgab. Meik winkte kurz und alle gingen in Deckung.

Im Garten herrschte noch immer frohes Treiben. Jetzt hörte auch Meik, dass Ludger mit seinen Leuten fromme Lieder sang. Er grinste frech und wies seine Freunde an, sich auf das verwilderte Nachbargrundstück zurückzuziehen.

„Füllt euch die Taschen mit Steinen!", flüsterte Meik. „Füllt sie bis obenhin! Wir werden den Heinis aus der Rothmannstraße die frommen Lieder austreiben! Auf mein Kommando hin werft ihr, was ihr nur werfen könnt! – So, Leute, und jetzt wieder vorsichtig zurück!"

Einigen war dabei sehr unwohl zumute. Doch sie wagten nicht, sich gegen ihren Chef zu stellen. Wieder am Heckenzaun, nahmen sie ihre vorherigen Plätze ein. Nur Meik blieb stehen, suchte sich ein Guckloch zwischen den Ästen und sah mit Erstaunen, dass auch Sindy in ihrem Rollstuhl und zwei ihm unbekannte Mädchen zur Gartengesellschaft zählten und dass auch Herr und Frau Fiedler zugegen waren.

Fast gleichzeitig wurde ihm heiß, doch nicht von der Sonne. Ihm kamen Zweifel an der Richtigkeit seiner Behauptung. Hier wurde unter Garantie kein Überfall geplant! Wie konnte er das, ohne sein Gesicht zu verlieren, den Freunden beibringen?

Meik sah, dass Herr Fiedler ein Buch aufschlug.

Allem Anschein nach war es die Bibel. Ja, ganz bestimmt, es musste die Bibel sein! In keinem anderen Buch standen solche Wort wie: „Ich aber sage euch: Liebet eure Feinde, und betet für die, die euch verfolgen ..."

Dann machte sich Herr Fiedler auch noch Gedanken über diesen Vers und sprach in einer Weise, der sich selbst Meik nicht entziehen konnte. Fiedlers Worte trafen ihn irgendwie, ohne dass Meik sich das erklären konnte. Er hatte das Gefühl, als würde Fiedler über ihn sprechen. Die Feinde lieben? Wie konnte man das denn? Niemals würde er zum Beispiel Ludger und seine Freunde lieben können!

„Es ist eigenartig, die Leute, die ihre Feinde hassen, meinen, dass sie stark wären", hörte Meik Herrn Fiedler sagen. „In Wirklichkeit sind sie sehr schwach. Zum Hassen braucht man nicht viel Kraft aber zum Lieben!"

Meik zuckte zusammen. Herr Fiedler hatte Recht. Hassen konnte man einfach so, aber lieben nicht. Zum Lieben war viel Kraft erforderlich.

„Was ist? Wann legen wir nun endlich los, und bombardieren sie mit den Steinen? Soll ich schon mal beginnen?", fragte Rony flüsternd.

Meik wehrte energisch ab, ohne Rony anzusehen. Gebannt lauschte er weiter in den Garten hinüber.

Rony schüttelte verständnislos den Kopf. Sie waren hierher gekommen, um die Rothmannstraßen-Leute mit Steinen zu bewerfen! Wenn sie bisher irgendwo hingegangen waren, hatten sie auch nie lange gezögert, ihr Vorhaben in die Tat umzusetzen. Was war heute mit dem Chef los?

In diesem Moment beendete Herr Fiedler die Auslegung des Bibelverses und sagte: „Jetzt sollten wir noch eine Gebetsgemeinschaft haben, damit jeder dem Herrn Jesus sagen kann, was er auf dem Herzen hat."

Meik hatte noch nie etwas von Gebetsgemeinschaft gehört, und war über das, was nun im Garten geschah, erstaunt. Alle falteten die Hände und senkten den Kopf. Nach einer Weile des Schweigens begann Ludger zu reden. Er sprach so mit Jesus, als würde der vor ihm stehen. „Herr Jesus, hab herzlichen Dank dafür, dass es Sindy besser geht und dass sie heute bei uns sein kann", schloss Ludger. „Und wir danken dir, dass wir zu dir gehören dürfen, weil du unsere Schuld vergeben hast. Herr, du siehst auch unsere ehemaligen Feinde aus der Rifunstraße, Meik Tomm und seine Leute. Wir haben ihnen Unrecht getan. Bitte verzeih uns das und hilf auch ihnen. Wir bitten dich, Herr, dass du sie rettest, wie du uns gerettet hast. Amen."

Auch die anderen beteten in herzlichen Worten für die Rifunstraßen-Leute.

Mit einem Mal packte es Meik mit aller Kraft, – ihm kamen die Tränen. So etwas hatte er noch nie erlebt. Da waren Leute, denen er und seine Bande Schaden zugefügt hatten, denen sie alles, nur nichts Gutes wünschten, und diese Leute beteten für sie, dass auch sie glücklich und zufrieden werden sollten. – Meik ließ den Kopf sinken und schämte sich.

Als er zur Seite schielte, sah er, dass es einigen seiner Leute ebenso erging wie ihm, auch sie hatten Tränen in den Augen. Wortlos griff Meik in seine Hosentaschen, holte einen Stein nach dem anderen hervor und ließ ihn zu Boden fallen. Einen Augenblick lang machten seine Freunde große Augen, schließlich leerten auch sie ihre Taschen. Dann sahen sie sich an und wussten nicht recht, was sie tun sollten.

„Ich denke, wir machen uns aus dem Staub. Hier haben wir nichts mehr verloren!“, überlegte Meik.

Doch plötzlich kitzelte es Lothar in der Nase. Er hielt sie sich zu, um das Niesen zu verhindern. Doch es war zu spät, er prustete los, sogar viel lauter als erwartet.

Die Leute im Garten wollten gerade ein neues Lied anstimmen, da prustete es hinter dem Heckenzaun und sie hielten erschrocken inne.

Nach einer kurzen Schrecksekunde sprangen die Jungen im Garten von ihren Plätzen auf und rannten durchs Gartentor nach draußen. Das geschah so schnell und überraschend, dass die Rifunstraßen-Leute gar nicht an Flucht denken konnten.

Inzwischen war auch Herr Fiedler gekommen. Er sah Meik und seine Leute der Reihe nach an und meinte: „Wenn ihr uns besuchen wollt, braucht ihr doch nicht hier herumzustehen. Ihr könnt ruhig in den Garten kommen. Ihr seid uns herzlich willkommen!“

Die Jungen aus der Rifunstraße sahen sich beschämt an und wurden rot. Schließlich rückte Meik mit der Erklärung heraus: „Wir wollten Sie nicht besuchen. Wir – wir – wir wollten …“

„Na, was wolltet ihr denn?“, fragte Herr Fiedler freundlich nach.

„Wir, – wir wollten euch überfallen, – wir wollten euch bombardieren“, presste Meik hervor, ließ den Kopf sinken und zeigte zu den Steinen am Boden.

Herr Fiedler sah erst jetzt, dass neben jedem Jungen einige Steine lagen. Er erschrak. Was wäre geschehen, wenn sie die Steine wirklich geworfen hätten? Gar nicht auszudenken!

„Und warum habt ihr es nicht getan?“, forschte

Herr Fiedler, darum bemüht seine Erregung nicht zu zeigen.

„Weil – weil Sie so gesprochen haben“, stieß Meik hervor.

„Und weil Ludger und die anderen für uns gebetet haben“, ergänzte Lothar, während die übrigen Jungen zustimmend nickten.

Herr Fiedler dankte dem Herrn Jesus im Stillen dafür, dass er sich so zu der Andacht und den Gebeten bekannt hatte und sie bewahrt hatte, so dass Meik und seine Anhänger von ihrem Vorhaben ablassen mussten.

„Wisst ihr was“, sagte Herr Fiedler überraschend, „kommt doch mit in den Garten. Wir haben noch Kuchen und Kakao übrig. Jeder von euch kann da noch was haben. Dabei können wir auch noch miteinander reden. Ja?“

Die Jungen aus der Rifunstraße sahen unsicher zu Meik. Als der zustimmend nickte, taten sie es auch.

Im Gegensatz zum Kuchen und dem Kakao, schmeckte ihnen das, was Herr Fiedler sagte, nicht. Am liebsten wären Meik und die anderen aufgestanden und fortgegangen. Doch zu tief war der Eindruck, den die Gebete der Jungen hinterlassen hatten und sie spürten, dass Fiedlers und die jungen Leute ihnen helfen wollten.

„Wir sind von Natur aus Sünder, fern von Gott und durch eine tiefe Kluft von ihm getrennt“, erklärte Herr Fiedler. „Aber Gott möchte, dass wir zu ihm kommen, darum hat er den Herrn Jesus für uns in die Welt gesandt. Der Herr Jesus ist für uns am Kreuz gestorben. Jeder, der seine Sünden bekennt und lässt und an den Herrn Jesus glaubt, ist gerettet. Wir können nichts zu unserer Rettung tun, das müssen wir aber auch nicht, weil der Herr Jesus alles getan hat. Aber aus Dankbarkeit dürfen wir ihm dann folgen und so leben, wie er es möchte."

„Bei mir und uns allen, war das auch so", ergänzte Ludger, als Herr Fiedler eine Pause machte. „Das mit dem Herrn Jesus und seiner Vergebung funktioniert wirklich, sonst würden wir nicht mitmachen. – Wir sind Christen geworden und möchten jetzt nichts anderes, als euch einladen, das auch zu werden. Glaub es Meik, bitte! Wir wollen keinen Stunk mehr mit euch, nicht mehr mit euch aufrechnen! – Uns würde es freuen, wenn auch ihr die dummen Streiche lassen und mit uns zusammen was tun würdet, was dem Herrn Jesus gefällt."

Meik und seine Freunde wunderten sich über Ludger. Sie hatten ihm nicht zugetraut, dass er so reden konnte. Besonders erstaunlich fanden sie es, dass außer Bastian die ganze Rothmannstraßen-Bande Christen geworden waren. – Wenn Ludger und seine Leute keine Vergeltung für die Streiche, die sie ihnen in letzter Zeit angetan hatten, üben wollten, dann war ihr Christ-sein nicht nur Gerede!

Meik sah seine Leute der Reihe nach an und wusste, dass auch sie dachten: „Wir würden das nicht fertig bringen, dazu gehört schon allerhand! Aber es muss schon irgendwie schön sein, wenn man so wie sie sind, sein kann!"

„Wollt ihr die Einladung des Herrn Jesus annehmen?", fragte Herr Fiedler. „Es wäre schön! Oder findet ihr es nicht toll, eure Zeit und Kraft, die ihr bisher nur für Unsinn eingesetzt habt, dem Herrn Jesus zur Verfügung zu stellen?"

Meik warf seinen Leuten einen fragenden Blick zu

und sagte: „Wir möchten uns das überlegen. Wir sagen Ihnen morgen Bescheid."

Herr Fiedler schüttelte bedenklich den Kopf.

„Ist das kein guter Vorschlag?", forschte Lothar.

„Nein, denn in der Bibel ist uns gesagt: ‚Heute, wenn ihr seine Stimme hört, verhärtet eure Herzen nicht.' Es kommt auf das Heute an. Wenn uns heute etwas klar wird, sollen wir das auch heute tun, denn bis morgen kann es schon zu spät sein."

„Aber einfach so können wir keine Zusage geben! Zuerst müssen wir uns beraten!", meinte Meik entschieden.

„Das ist gut so. Das sollt ihr auch tun. Ihr könnt euch ja in eine Gartenecke zurückziehen", meinte Herr Fiedler. „Wir werden in der Zwischenzeit ein Lied singen."

Meik ging darauf ein, gab jedoch zu bedenken: „Sie dürfen uns aber nicht böse sein, wenn wir uns anders entscheiden." – Dann suchte er sich mit seinen Leuten ein abgelegenes Plätzchen.

Augenblicke später stimmte Frau Fiedler ein Lied an, das betend gesungen wurde:

„Wag doch den Schritt zu Jesus,
entscheide dich ganz für ihn!
Er gibt deinem Leben
einen klaren, ewigen Sinn ..."

„Das erhört der Herr Jesus bestimmt", meinte Beni überzeugt, als sie geendet hatten. „Jetzt werden Meik und seine Leute auch zu ihm gehören wollen, und sich unserer Gruppe anschließen. Wir sind dann schon ein schöner Jugendkreis und können viel für den Herrn Jesus tun", ergänzte er zuversichtlich.

Wenig später kamen Meik und Lothar zurück. Die anderen Jungen waren über den Zaun gestiegen und hatten das Weite gesucht. Meik und Lothar machten ernste Gesichter.

Ludger stieß einen Seufzer aus. Er dachte, auch die beiden wollten sich nicht bekehren. Seine Traurigkeit sprang auf alle Jungen und Mädchen über.

„Was ist?“, fragte Meik, als er die betrübten Gesichter sah.

„Wollt ihr den Herrn Jesus annehmen?“, fragte Marc hoffnungsvoll.

„Natürlich wollen wir, sonst wären wir mit den anderen abgehauen“, erklärte Meik.

„Entschuldige, das hätten wir uns denken können“, gab Ludger zu. „Aber weil ihr so traurige Gesichter gemacht habt ...“

„Irgendwie fehlt uns noch was“, sagte Meik. – „Ich – ich kann es nicht beschreiben. Wir sind uns nicht sicher, ob uns der Herr Jesus annimmt. – Versteht ihr was ich meine?“

Herr Fiedler war schneller als Ludger und erklärte: „Wenn ihr Gewissheit haben wollt, könnt ihr die gleich bekommen.“

Meik und Lothar nickten.

„Dann kommt mit“, sagte Herr Fiedler und führte die beiden wieder zu der entfernten Gartenecke. Ohne große Umschweife bekannten sie ihre Schuld und versprachen in einem Gebet, dem Herrn Jesus in Zukunft nachzufolgen.

Als sie zurückkamen, glänzten ihre Augen und sie versicherten, dass sie sich erleichtert fühlten.

„Bitte singt doch noch einmal das Lied von dem Blut des Lammes, das uns rein macht!“

Dieser Wunsch wurde Meik gerne erfüllt.

Die restlichen Stunden vergingen wie im Flug. Als Herr Fiedler die frohe Zusammenkunft in seinem Schrebergarten mit einem Dankgebet beschloss, ging die Sonne blutrot hinter dem Wald am westlichen Horizont unter. Einige der jungen Gäste wären gerne noch länger geblieben, aber die nahende Dunkelheit ließ das nicht zu.

Sindy setzte sich wieder in ihren Rollstuhl und wurde vom Vater geschoben. Der Heimweg zu Fuß wäre für sie noch zu anstrengend gewesen. Doch der heutige Nachmittag hatte wieder gezeigt, dass es mit dem Gehen bei ihr besser wurde. In einigen Wochen konnte sie wohl ganz auf den Rollstuhl verzichten.

Unterwegs stimmte Sindy ein frohes Lied an, und sang es mit ihrer hellen Stimme von der ersten bis zur letzten Strophe.

„Dich hat der Ausflug wohl sehr froh gemacht?“, fragte die Mutter.

Sindy nickte eifrig. „Ich hab mich über die vielen Kinder gefreut, und dass sie alle an den Herrn Jesus glauben.“

„Ja, das ist schön, sehr schön. Nicht wahr!“, bestätigte die Mutter.

„Weißt du auch, was Marc zu mir gesagt hat?“, fuhr Sindy fort.

„Nein, das weiß ich nicht. Aber du wirst es mir sicher sagen.“

„Er hat gesagt, durch meinen Unfall wären seine Freunde zum Glauben an den Herrn Jesus gekommen. Ich glaube das auch und bin gar nicht mehr ärgerlich, dass ich vom Baum gefallen bin. – Glaubst du das auch, Mama?“

„Ja, mein Liebes.“ Die Mutter beugte sich vor und

strich Sindy über beide Wangen, dabei wurden ihr die Augen feucht.

Marc, der neben dem Vater ging, beteiligte sich nicht an dem Gespräch, und machte ein nachdenkliches Gesicht.

„Warum bist du so still?“, fragte Herr Fiedler.

„Ich musste gerade denken, dass die ganze Geschichte auch hätte schief gehen können.“

„Welche Geschichte?“

„Ludger und seine Freunde hätten mich auch auf ihre Seite ziehen können. Die Gefahr war sehr groß. Ich kann nur dem Herrn Jesus danken, dass alles so gut ausgegangen ist. Und hätten Ludger und seine Freunde mich vereinnahmt, wären sie und jetzt auch Meik und Lothar nicht zum Glauben gekommen.“

„Das ist wahr, mein Junge. Da hast du eine große Bewahrung erlebt.“ – Herr Fiedler legte seinen linken Arm um Marcs Schultern und zog ihn liebevoll an sich. „Du wärst wohl nicht ganz so gefährdet gewesen, wenn du uns von allem Anfang in die Geschichte mit einbezogen hättest, oder?“

Marc nickte. „Wenn ich's noch einmal zu tun hätte, würde ich's ganz anders machen.“